논·술·세·계·대·표·문·학

36

올리버 트위스트

찰스 디킨스 | 유혜성 엮음

훈민출판사

찰스 디킨스의 초상화

런던의 상징인 웨스트민스터
사원의 빅벤 시계탑

The Best World Literature

자신의 작품을 직접 연기하는 찰스 디킨스

런던 시내의 전경 – 금융 · 증권가

런던 로체스터 거리 – 매년 6월 9일 디킨스의 탄생일을 기념하는 축제가 벌어진다.

런던 하이드파크의 가을

디킨스 박물관

런던 버킹엄 궁전의 근위병

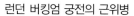

The Best World Literature

영화로 만들어진 〈올리버 트위스트〉

〈올리버 트위스트〉의 삽화

구인환(丘仁煥)

서울대학교 사범대학 졸업. 동 대학원 졸업(문학박사)
서울대학교 명예교수, 소설가(현). 서울대학교 사범대학 국어교육연구소 소장(현)
문학과문학교육연구소 소장(현). 국제펜 한국본부 부회장(현)
한국소설문학상(1987). 예술문화대상(1994). 한국문학상(2000)
작품 〈숨쉬는 영정〉, 〈살아 있는 날들〉, 〈일어서는 산〉 외 다수

- **저서** 《한국단편소설의 이해》, 《한국현대소설의 비평적 성찰》,
  《고교생이 알아야 할 소설》, 《고교생이 알아야 할 세계단편소설》 외 다수

윤병로(尹柄魯)

성균관대학교 국어국문학과 졸업. 동 대학원 졸업(문학박사)
성균관대학교 교수, 문학평론가(현). 한국현대소설학회장(현)
한국문예학술저작권협회 이사(현). 한국간행물윤리위원회 위원(현)
한국펜 문학상(1987). 한국문학상(1988). 대한민국문학상(1989)
수필집 《나의 작은 애인들》 외 다수

- **저서** 《현대 작가론》, 《한국 현대 소설의 탐구》,
  《한국 근대 작가 작품 연구》, 《한국 현대 작가의 문제작 평설》 외 다수

홍성암(洪性岩)

고려대학교 국어국문학과 졸업. 한양대학교 대학원 국어국문학과 졸업(문학박사)
동덕여자대학교 교수, 소설가(현). 한국문인협회 회원(현)
한국소설가협회 이사(현). 국제펜 한국본부 소설분과 이사(현). 한민족 문화학회 회장(현)
창작집 《큰 물로 가는 큰 고기》, 《어떤 귀향》 외
대하역사소설 《남한산성》 (전9권) 외 다수

- **저서** 《문학의 이해》, 《현대 작가론》, 《한국 근대 역사소설 연구》 외 다수

기획 · 감수

디킨스의 작품 〈블레이크 하우스〉의 표지

논술 *세계대표문학*을 펴내며

　21세기의 사회는 '전자 문명 시대'라 일컬어질 만큼 오늘날 전자 산업은 우리 생활의 거의 모든 분야에 다양하게 응용되고 있습니다. 출판 분야 또한 예외는 아니어서, 종래의 서책(Book) 대신에 이른바 '전자책(CD-ROM)'의 출간이 최근 들어 날로 증가하고 있습니다.

　그러나 이러한 전자책은 영상 또는 모니터상으로 흥미 위주나 백과사전식 지식을 습득하는 데는 효과적일지 모르지만, 문학 공부를 위해서는 별로 도움이 되지 않습니다. 바꾸어 말하면, 문학 공부는 각 지면마다 살아 숨쉬는 표현 하나하나를 독자 자신의 머리로 음미하면서 작품을 읽어 나가는 가운데, 풍부한 상상력의 배양과 함께 작가의 의도와 그 작품의 내면을 깊이 있게 이해함으로써 이루어지는 것입니다.

　이에 훈민출판사에서는, 자라나는 학생들이 범람하는 영상 매체에 길들여지기 전에, 어려서부터 유명한 세계문학 작품들을 책자를 통하여 감명 깊게 읽고 감상함으로써, 올바른 문학 공부의 기틀을 다지고, 아울러 전인 교육도 할 수 있도록 《논술 세계대표문학(전60권)》을 펴내게 되었습니다.

　작품 선정은, 초·중·고등학교 국어 교과서와 역사 교과서에 실리거나 소개된 문학 작품을 중심으로 하되, 그리스 신화와 성경 이야기 등의 고전에서부터 중세·근대·현대에 이르기까지 세르반테스·셰익스피어·톨스토이 등 세계 유명 작가들의 장·단편 소설들을 엄선·수록하였습니다. 또 세계의 명시도 별권으로 엮었으며, 특히 각 단락마다 '논술 문제'를 제시하여, 장차 대학입시를 비롯한 각종 '논술 고사'에 예비 지식을 쌓을 수 있도록 배려하였습니다. 아무쪼록, 이 《논술 세계대표문학(전60권)》이 자라나는 학생들에게 문학 공부의 주춧돌이 되고, 나아가 미래를 살아가는 데 **정신적 자양분**이 되기를 진심으로 바라 마지않습니다.

훈민출판사

차례

올리버 트위스트

디 킨 스

지은이

1812~1870년. 영국 포츠머스에서 출생. 게으른 아버지 때문에 디킨스는 12살의 어린 나이에 가족들의 생계를 위하여 런던의 한 공장에서 일을 했는데 이 경험을 평생 동안 잊지 않았다. 평소 책 읽기를 좋아했던 터라 셰익스피어나 필딩 같은 전 시대의 영국 작가들의 책을 많이 읽고 큰 영향을 받았다.

우연하게 1820년대 후반에 신문기자가 된 디킨스는 1836년과 1837년에 〈피크윅 클럽의 기록〉이란 작품을 연재하여 작가로서의 첫 명성을 얻었다. 그의 작품으로는 〈올리버 트위스트〉, 〈크리스마스 캐럴〉, 〈데이비드 코퍼필드〉, 〈황량한 집〉, 〈작은 도릿〉 등이 있다. 그는 작품을 쓰는 와중에도 가난한 아이들을 위한 학교를 설립하거나 극빈자들을 위한 자선 사업에 많이 참여하였다.

올리버 트위스트

탄 생

몹시 추운 어느 겨울이었다. 한 여인이 배를 움켜쥐고 영국 런던에서 멀리 떨어진 작은 마을을 힘겹게 걷고 있었다.

"아아……. 더 이상 걸을 수가 없어."

옷차림은 그리 넉넉한 집안 여인 같지는 않았지만, 몸에서 풍겨 나오는 분위기는 어딘지 모르게 고상함이 배어 있었다. 갑자기 몰아닥친 추위로 인해 몹시 지친 그 여인은 근처에 머무를 곳을 찾기 위해 안간힘을 쓰고 있었다.

여인이 죽을 힘을 다해 도착한 곳은 변두리에 위치한 한 구호 시설이었다. 이 곳은 오갈 데 없는 노인이나 부모가 없는 아이들이 살고 있는 구빈원이라는 곳이었다.

한 발짝도 더 이상 앞으로 나갈 힘이 없는 초라한 차림의 이 여인은 구빈원의 낡아빠진 문을 두드렸다.

"계세요?"

여인의 목소리는 몰아치는 눈보라 속에 파묻혀 잘 들리지 않았다. 몇 번 힘껏 소리쳐 부르며 문을 두드려 보았지만, 안에서는 아무런 기척이 없었다.

"제발……."

결국 여인은 가쁜 숨을 몰아쉬며 그 자리에 쓰러지고 말았다.

"어휴, 웬 눈이 이렇게 쉴새없이 쏟아져 내린담?"

구빈원에서 지내고 있는 샐리 할머니가 마침 무언가를 가지러 문을 열고 밖으로 나왔다.

"아니, 저게 뭐야?"

샐리 할머니는 눈 속에 무언가 시커먼 물체가 있는 것을 보고 소스라치게 놀라며 뒷걸음질을 쳤다. 그길로 구빈원에서 일하고 있는 젊은이 한 사람을 데리고 나온 할머니는 손을 들어 한 곳을 가리켰다.

"저기, 무언가 움직이는 게 사람 같기도 하고……."

젊은이는 천천히 할머니가 가리키는 곳으로 가 확인을 해 보았다.

"샐리 할머니! 사람이에요. 그것도 홀몸이 아닌 것 같아요!"

결국 젊은이는 눈 속에 쓰러져 있는 여인을 들쳐업고 샐리 할머니와 함께 구빈원 안으로 들어가 침대에 뉘었다.

"이런, 만삭이군. 곧 아기가 나오겠어."

샐리 할머니는 곧 방 안에 불을 피워 따뜻하게 만든 뒤, 물수건으로 여인의 몸을 닦아 주며 정성스럽게 간호했다.

하루가 지나자 여인은 조금 몸이 회복되는 듯했다. 기운을 차린 여인은 샐리 할머니의 도움을 받아 아이를 낳았다.

"이봐요! 정신차려요. 여기 사내아이를 낳았소."

"아……. 제 옆에 데려다 주세요."

여인은 아이의 얼굴을 들여다보며 쉴새없이 눈물을 흘렸다. 그녀가 낳은 아이는 예상대로 썩 건강한 편이 아니었다.

"할머니, 정말 고맙습니다. 이 은혜를 어떻게 갚아야 할지……."

아직 기운을 차리지 못한 여인은 울먹이며 힘겹게 말했다.

"그런 말 말고 아이를 위해서라도 뭘 좀 먹고 기운을 차려야지."

하지만 여인은 그 말에 대답도 하지 못하고 점점 의식을 잃어갔다. 샐리 할머니는 무언지 불길한 생각이 머리를 스쳤다.

'이를 어쩌나? 아무래도 저 애기 엄마는 회복하기 어려울 것 같은데…… 쯧쯧쯧, 저 아이가 무슨 죄가 있다고.'

샐리 할머니의 예상대로 아이를 낳은 여인은 며칠을 버티지 못하고 그만 이 세상을 하직하고 말았다.

결국 이 일은 이 구빈원의 책임자로 있는 코니에게 보고되었다.

"아니, 도대체 누군지 신분도 모르는 거렁뱅이 여자를 이 곳에 들여놓다니, 어떻게 된 일입니까?"

노처녀 코니는 특유의 쌀쌀맞은 얼굴 표정으로 샐리 할머니를 다그치기 시작했다.

"아유, 귀찮아. 요새 잠잠하다 했더니 또 골칫덩이가 하나 들어왔네."

　코니는 구빈원 사람들을 향해 거침없이 불평을 쏟아붓고는 형식대로 읍사무소에 이 일을 신고했다. 곧 읍사무소의 빈민 양육 담당 서기로 있는 범블이라는 사나이가 구빈원을 찾아왔다.

　"어머, 범블 씨 오랜만이군요."

　늘 인상만 쓰고 있던 코니는 범블을 보자 언제 그랬냐 싶게 상냥한 얼굴로 애교 섞인 목소리로 인사를 했다.

　"흠, 이 아이로군."

　범블은 신분을 알 수 없는 여인이 낳은 아기를 물끄러미 쳐다보았다.

　"그래, 이름은 지었소?"

　"아직, 아이 엄마가 갑작스럽게 죽은 뒤라 경황이 없어서……."

　읍사무소 서기답게 그는 아이의 출생 신고를 하기 위해 이름이 필요하다는 생각이 들자 문득 이런 질문을 던진 것이었다.

"그럼, 올리버 트위스트란 이름이 어떻겠소?"

"트위스트요?"

구빈원의 책임자 코니는 양미간을 약간 찌푸리며 되물었다. 트위스트란 말은 '꼬이다, 뒤틀리다'란 뜻으로 왠지 아이의 이름으로는 적당하지 않았다.

"왜 마음에 들지 않소? 난 이 아이의 모습이 그 이름과 잘 어울린다고 생각하는데."

"아니, 갑작스럽게 아기의 이름에 대한 말을 꺼내서 조금 당황스러웠을 뿐이에요. 호호호, 제 생각에도 그 이름이 좋은 것 같아요."

결국 이 비쩍 마른 사내아이의 이름은 올리버 트위스트로 결정되었다. 범블의 말대로 이 아이의 몸은 너무 말라 뼈만 앙상한 상태여서 꽈배기처럼 꼬일 지경이었다.

그 뒤, 올리버는 구빈원의 지원으로 가게 되었다. 이 곳에서는 어린아이를 돌보아 줄 보모가 없었기 때문에 지원으로 옮겨야 했던 것이다.

태어날 때부터 허약했던 올리버는 구빈원에 있는 동안에도 충분치 않은 영양으로 인해 몸은 점점 쇠약해져 갔다.

하지만 지원으로 자리를 옮긴 다음에도 올리버의 생활은 별로 변화가 없었다. 또래의 아이들이 30명 가량 함께 생활하는 이 곳의 주인은 맨 부인이었다.

"빨리 먹고 일어나지 뭘 그렇게 꾸물거리니!"

"어서 저기 있는 짐을 이 곳으로 옮겨 놓아라."

"너는 오늘 저녁을 주지 않을 테다!"

맨 부인은 걸핏하면 아이들을 못살게 굴며 엄한 벌과 함께 아이들의 밥을 굶기는 것을 아무렇지도 않게 여겼다.

하지만 이런 맨 부인도 단 한 사람에게만은 꼼짝 못했다. 다름 아닌 빈민 양육 담당 서기인 범블이었다.

구빈원의 노처녀 코니처럼 평소와는 아주 딴사람으로 변하는 것이었다. 마치 전에도 상냥한 보모였던 것처럼 아이들에게 친절한 말로 이야기하곤 했다.

이 날은 마침 올리버의 아홉 번째 생일날이었다. 그 날도 역시 올리버는 여느 때처럼 아침식사를 죽으로 먹었다.

"옜다! 여기 빵은 올리버의 것이다."

"옜?"

"어서 받아라. 먹기 싫으면 관두고."

"아니, 그게 아니라……."

빵을 내밀고 있는 주방장의 마음이 혹시라도 변할까 봐 올리버는 냉큼 빵을 받아들었다. 항상 굶주렸던 올리버는 빵 한 개를 소중히 들고 먹기 시작했다.

'그러고 보니 나만 빵을 받았네. 아, 그렇지. 오늘이 내 생일날이군. 그래서 죽 이외에 빵 한 조각을 더 준 거로구나.'

그제야 이해가 간다는 듯이 올리버는 고개를 끄덕였다. 아침을 먹고 난 뒤 점심때가 되어가자 역시 배가 고팠다.

'아, 배고파.'

올리버는 아직도 비쩍 마른 몸 그대로였다. 지원에 있던 다른 아이들 역시 배가 고프기는 마찬가지였다.

"먹을 거라곤 죽 한 그릇만 주면서 이 곳의 청소와 힘든 일은 모두 우리에게 시키다니 맨 부인은 정말 나쁜 사람이야."

"아, 난 배가 고파 미칠 지경이야."

아이들은 저마다 한 마디씩 중얼거리며 모여 있었다. 이를 눈치챈 맨 부인은 어디서 가져왔는지 큰 빗자루를 들고 와 아이들을 향해 마구 휘

둘렀다.

"어서 흩어지지 못해! 이 곳에 남아 불평을 하는 놈들은 오늘 저녁밥은 주지 않을 테니 그리 알아라."

하지만 이 소동은 범블이 이 곳에 왔다는 전갈과 함께 곧 끝이 났다.

"범블 씨로군요. 여기까지 오시느라 수고가 많으셨죠?"

"안녕하십니까, 맨 부인?"

맨 부인은 곧 범블 씨를 사무실로 안내했다.

"제가 이 곳에 온 것은 다름이 아니라 올리버를 데려가기 위해서입니다. 이제 아홉 살이 되었으니 다시 구빈원으로 데려가는 게 좋을 것 같아서요."

"당연한 말씀이죠. 잠시만 기다려 주시면 곧 데리고 오도록 하죠."

곧 머리와 옷을 단정히 입은 올리버가 범블 앞으로 불려 나왔다.

"흠, 이 아이가 올리버로군. 그 동안 많이 자랐구나. 올리버, 널 다른 곳으로 데려 가려고 왔단다."

"다른 곳으로 간다구요?"

올리버는 처음엔 자신의 귀를 의심했다.

'아, 이 지긋지긋한 지원에서 벗어나 행복한 생활이 기다리는 곳으로 가게 되나 보다.'

올리버의 눈에 범블은 마치 하늘에서 내려온 천사처럼 느껴졌다. 지원의 문을 나서는 올리버는 마냥 가슴이 설레었다.

주변에 있는 꽃들과 나무들이 방긋 웃으며 그를 맞아 주는 듯했고, 넓은 하늘은 그를 안아 주는 듯 포근해 보였다.

"저, 뭘 좀 물어 봐도 될까요?"

올리버는 벅찬 가슴을 숨길 수가 없어 범블에게 말을 꺼냈다. 범블은 흘낏 올리버를 돌아다보며 간단히 대답했다.

"뭔데?"

"지금 가는 곳은 어떤 곳인가요?"

"……."

범블은 올리버의 물음에 아무런 대답을 하지 않은 채 앞만 보고 걸었다. 순간 올리버는 좋지 않은 예감이 들었다.

두 사람이 도착한 곳은 올리버가 태어난 구빈원이라는 곳이었다. 범블은 올리버를 데리고 빈민 양육 위원회가 있는 사무실로 들어갔다.

그 곳에는 몇몇의 풍채 좋은 남자들이 탁자를 가운데 두고 둘러앉아 있었다.

"자, 여기 계신 분께 인사를 하도록 해라."

많은 사람들이 자신을 뚫어져라 바라보고 있자, 올리버는 기가 죽어 간단히 고개를 숙이고는 범블의 뒤로 몸을 숨겼다.

"올리버 트위스트가 네 이름이 맞니?"

위원들 중 한 사람이 올리버에게 짓궂은 표정으로 이렇게 물었다. 그러자 올리버는 거의 기어들어가는 목소리로 간신히 대답했다.

"네, 제가 올리버입니다."

"올리버, 내 말을 잘 들거라. 너는 앞으로 이 곳에서 무언가 일을 배우도록 해야 한다. 그 동안 먹여 주고 재워 준 은혜에 보답하기 위해서라도 게으름 피우지 말고 열심히 직업 훈련을 하도록 해라."

"직업이 무언가요?"

아무런 말이 없던 올리버가 위원들을 향해 한 마디 하자 그들은 갑자기 웃음을 터뜨렸다.

"하하하……."

"저 꼬마가 생각보다 맹랑하군."

"그러게. 올리버, 직업이란 말이다. 네가 앞으로 이 곳을 나가 네 스

스로 살아 나가기 위해 잘할 수 있는 너만의 일을 가지는 것을 말한다. 알겠니?"

그 곳에 있는 한 위원이 자세한 설명을 덧붙이자 올리버는 그제야 고개를 끄덕였다.

"자, 그럼 저 아이에게 알맞은 일은 무엇이 좋을까?"

잠시 생각에 잠겨 있던 한 위원이 대뜸 이렇게 말했다.

"우선 저 아이에게 배의 밧줄을 만드는 일부터 시키도록 합시다."

"그럼, 다른 사람의 의견은 없소?"

한 아이의 장래에 대해 별 관심이 없는 위원들은 회의가 길어지자 하품을 하기 시작했다. 결국 올리버는 배의 밧줄을 만드는 일부터 배우도록 결정이 되었다. 그 곳을 나온 올리버는 앞으로 지내게 될 방으로 발길을 돌렸다.

"자, 앞으로 네가 쓸 침대다. 저기 맨 끝에 있는 게 네 자리야."

올리버는 구빈원을 한 번 둘러보고는 다시 한숨을 내쉬었다.

'휴, 나에게는 행복이란 말이 어울리지 않아. 결국 전과 비슷한 곳으로 온 셈이야.'

구빈원에서도 역시 올리버는 그 곳에 있는 다른 아이들과 마찬가지로 늘 배고픔에 시달려야 했다. 식사 때가 되면 아이들은 우르르 식당으로 몰려가 차례대로 줄을 섰다. 그러면 험악한 얼굴을 한 주방장이 한 국자씩 죽을 떠 주었다.

"쳇, 이걸 먹고 어떻게 견디라는 거야?"

"아, 난 죽어도 좋으니 실컷 한 번 배불리 먹어 봤으면 좋겠어."

아이들은 자신들이 받은 죽 한 그릇을 단숨에 먹어 버리고는 식당을 떠나지 못하고 몇몇이 둘러앉아 불평을 했다.

그러자 그들 중 한 아이가 한 가지 제안을 했다.

"우리들 중 한 사람이 주방장에게 식사 배급을 늘려 달라고 부탁해 보는 것이 어떻겠니?"

"치, 그건 하나마나한 이야기야. 우리들 중에 그런 이야기를 할 사람이 누가 있겠어?"

"그러니까 제비뽑기로 결정하자. 무조건 걸린 사람이 우리들의 대표가 되어 식사 양을 늘려 줄 것을 말하는 거야."

구빈원의 아이들은 누군가 그런 말을 해 준다면 혹시라도 더 많은 양의 식사를 할지도 모른다는 희망이 들었다. 결국 그들은 주방장이 눈치 채지 못하도록 삼삼오오 모여앉아 제비뽑기를 했다.

"와, 난 아니야."

"나도."

접힌 종이를 받아든 올리버는 살며시 종이를 펼쳐들었다. 그 순간 올리버의 얼굴이 백지장처럼 하얗게 질려 버렸다.

"아, 어쩌면 좋아."

아이들의 대표가 된 올리버는 다음 날 저녁식사 후에 맡은 일을 하기로 결정을 했다.

'저 아이들의 약속을 어기자니 거짓말쟁이가 되어 버릴 것이고, 그 일을 직접 하려니 도무지 용기가 나질 않아.'

밤새 끙끙대며 잠을 설친 올리버는 다음 날 저녁 식사시간이 가까워 오자, 손발에 식은땀이 나기 시작했다. 그가 머뭇거리며 굳은 듯이 앉아 있자, 옆에 앉은 한 아이가 올리버의 옆구리를 치며 귓속말을 했다.

"잘 들어. 우선 죽 한 그릇을 받아서 다 먹고 난 뒤, 저기 보이는 주방장에게 가서 죽을 더 달라고 말하면 되는 거야. 알았지?"

올리버의 머릿속은 아무 소리도 들리지 않았다. 이윽고, 어떻게 먹었는지 죽을 다 먹은 올리버는 자리에서 벌떡 일어나 주방으로 향했다.

"저……."

"뭐야! 넌 조금 전에 죽을 받아갔잖아!"

"그게 아니라 죽이 모자라서 그러니 조금만 더 주시겠어요?"

주방장은 이제까지 구빈원에 근무하면서 이런 일은 처음 있는 일이라, 순간 얼굴이 붉으락푸르락하며 어쩔 줄을 몰랐다.

"너 지금 제정신으로 하는 말이니?"

"배가 고파서 그래요. 죽을 조금만……."

올리버의 말이 채 끝나기도 전에 주방장이 가지고 있는 국자가 올리버의 머리 위로 날아왔다.

"윽!"

그 자리에 고꾸라진 올리버는 사람들 손에 실려 어두운 방에 갇히는 신세가 되고 말았다. 이 소식을 전해들은 범블은 곧 위원회를 찾아 보고를 올렸다.

"겉보기에는 허약해 보이는 녀석이 배짱이 대단하군. 감히 정해진 식사의 양에 대해 불평을 하다니 말이야."

"안 되겠소. 다른 아이들까지 그 녀석에게 물들기 전에 얼른 이 곳에서 쫓아 내도록 합시다."

"그렇게 하는 게 좋을 것 같소."

결국 만장일치로 올리버를 이 곳에서 내보내기로 했다.

　일꾼을 쓰실 분 보시오. 열 살 먹은 사내아이를 견습공으로 쓰실 분은 연락 바랍니다. 5파운드의 사례비도 드립니다.

구빈원의 문 앞에 붙인 광고는 얼마 가지 않아 효과가 나타났다.

"저, 말 좀 묻겠소. 저기 붙인 광고를 보고 들렀습니다만……."

"저기 위원실로 들어가 보시오."

첫 방문자는 굴뚝을 청소하는 사람이었다. 그는 여러 위원들에게 고개를 숙여 꾸벅 인사를 한 뒤, 자리에 앉았다.

"자네가 하는 일이 굴뚝 청소라고 했나? 그건 어린아이로선 별로 배울 만한 일이 못 되는 것 같은데."

"그렇지 않습니다. 아이를 데려가면 잘 가르쳐서 제 밥벌이는 할 수 있도록 하겠소."

"일전에 굴뚝 청소를 하다가 죽은 아이도 있지 않았나?"

한 위원의 날카로운 질문에 굴뚝업자는 순간 말문이 막혔다. 하지만 이내 변명거리를 찾아 설명을 했다.

"그 일이라면 잘못 알고 계신 겁니다. 견습공인 그 아이가 하도 게으름을 피우며 한 번 굴뚝 안에 들어가면 나오지 않아서, 얼른 나오라고 물기가 있는 짚을 태웠을 뿐입니다. 그런데 그 연기에 아이가 그만 잠이 드는 바람에 일이 그렇게 된 것입니다."

위원회는 굴뚝업자의 이야기를 다 들은 뒤, 낮은 소리로 서로 의논했다. 그들은 굴뚝업자가 결점이 있기 때문에, 올리버를 보내지 않겠다고 으름장을 놓으면 5파운드를 다 주지 않아도 된다는 것을 알 수 있었다.

곧 그들은 예상대로 3파운드 10실링만을 얹어 올리버를 굴뚝업자의 견습공으로 보내기로 합의를 보았다.

이제 올리버는 이 곳의 작은 일들을 결정하는 치안판사와의 면담만 끝나면 굴뚝업자의 손에 넘겨지게 되었다. 이 일은 범블이 맡아서 하기로 했다.

"올리버, 내 말 잘 들어라. 오늘 만나게 될 사람들은 네가 만난 사람들 중에 가장 높은 사람이 될 것이다. 그분들에게는 무조건 '네'라고 대답해야 된다. 알았지?"

"……."

하지만 올리버는 굴뚝업자가 구빈원으로 찾아왔을 때 힐끗 한 번 쳐다보고는 소름이 끼쳤다. 큰 몸집에다 흉한 얼굴이 도무지 인정이라곤 있을 것 같지 않았다.

"올리버, 내 말 듣고 있니?"

"네, 알겠습니다."

범블의 다그치는 소리에 올리버는 마지못해 겨우 대답을 했다. 두 사람은 이런 이야기를 주고받으며 치안판사가 살고 있는 곳에 도착했다.

"네가 올리버로구나."

허연 머리의 치안판사는 범블과 함께 들어선 올리버를 한 번 쳐다보더니 다시 책상 위에 펼쳐진 서류로 눈길을 돌렸다.

"호, 굴뚝 청소하는 것을 배우고 싶다고 자원했구나."

올리버가 그 자리에 굳은 듯 서서 아무런 대답이 없자 범블이 나서서 대답했다.

"예, 그렇습니다. 이 아이가 지금 긴장을 해서 대답을 못하지만 제게 분명 여러 번 그런 이야기를 하곤 했습니다."

치안판사는 곧 굴뚝업자를 불러 올리버를 잘 가르칠 것을 당부한 뒤 서류에 사인을 하려고 막 펜을 들었다. 그리고는 올리버를 흘끗 한번 쳐다보았다.

"흠, 아직도 긴장이 풀리지 않은 모양이군. 아니, 지금은 몸을 사시나무 떨듯이 떨고 있는 것 같구나. 얘, 마지막으로 네게 이야기할 시간을 주겠다."

올리버는 치안판사의 너그러운 배려에 머리 숙여 감사하며, 마음을 굳게 먹고 대답했다.

"판사님, 저는 제 옆에 서 있는 굴뚝 청소업자가 너무 무서워요. 부디 다시 구빈원으로 돌아가게 해 주세요."

"그랬구나."

치안판사는 범블을 돌아다보며 눈을 흘겼다.

"자넨 지금 무슨 짓을 하고 있는 건가? 아이를 데리고 이런 일을 함부로 꾸미고 다니다니. 이번엔 경고에 지나지 않지만 다음 번에도 이런 일이 있을 경우, 각오하게!"

"잘못했습니다."

범블은 치안판사를 향해 머리를 조아리며 용서를 빌었다. 그는 밖으로 나오자, 일을 엉망으로 만들어 버린 올리버를 향해 욕을 해 댔다.

이 일이 있은 뒤, 소워베리란 이름을 가진 이 마을의 장의사가 구빈원을 찾아왔다.

"이번에도 딴소리를 지껄였다간 가만두지 않을 거야. 명심해!"

이미 한 번의 실수를 한 범블은 올리버를 장의사에게 딸려보내기 위해 다시 한 번 치안판사를 찾아갔다. 올리버 역시 이젠 어쩔 수 없이 '네'라고 대답할 수밖에 없었다.

결국 올리버는 범블의 손에 끌려 소워베리가 일하고 있는 장의사를 찾아 나섰다.

"사내 녀석이 왜 그렇게 눈물을 짜고 있니? 어차피 구빈원에 평생 있을 건 아니잖아. 시기가 조금 빨라지긴 했지만 무언가 일을 배울 만한 곳으로 가는 게 너를 위해서도 좋은 일이야."

"범블 씨도 저를 형편없는 아이라고 생각하시죠? 착한 아이가 되기 위해 노력하는데도 사람들은 믿어 주지 않아요."

생각지도 않은 올리버의 대답에 범블은 기특한 생각이 들었지만, 얼른 고개를 돌려 버리며 딴전을 피웠다.

구빈원에서 장의사로

두 사람은 땅거미가 질 무렵에야 소워베리의 가게에 도착했다.

"안에 있는가?"

"아, 난 또 누구시라고? 범블 씨로군요."

빼빼 마른 한 사나이가 범블을 다정하게 맞았다. 곧 이어 소워베리 부인이 나와 인사를 하고 가게 옆에 붙은 살림집에 대고 소리를 질렀다.

"샬럿, 아까 먹다 남은 고기가 있거든 이 아이에게 줘라!"

함께 온 범블이 돌아가고 난 뒤, 올리버는 장의사 부인의 안내로 관들이 즐비한 가게에 잠자리를 정했다.

사방은 캄캄했지만 이 곳에 널려 있는 관 속에서 금방이라도 죽은 사람이 튀어나올 것만 같아 머리끝이 쭈뼛했다. 올리버는 얼른 잠자리에 누워 머리끝까지 이불을 뒤집어썼다.

'구빈원에서는 그래도 여러 친구들과 함께 지냈기 때문에 잠들 때 무섭지는 않았어. 아, 숨이 막힐 것 같아.'

혹시라도 유령이 나타나 올리버가 뒤집어쓴 이불을 끌어당길까 봐 그의 손은 땀이 날 정도였다.

다음 날, 날이 밝도록 올리버는 잠에서 깨지 못했다. 이런 저런 생각으로 새벽녘이 되어서야 잠이 들었기 때문이다.

"쾅쾅쾅!"

갑자기 문을 두드리는 소리가 어렴풋이 들려왔다. 이어 욕하는 소리와 함께 발길질로 문을 걷어차는 소리가 세차게 났다.

"빨리 문 안 열어!"

눈을 비비며 잠이 깬 올리버는 급히 문을 열었다.

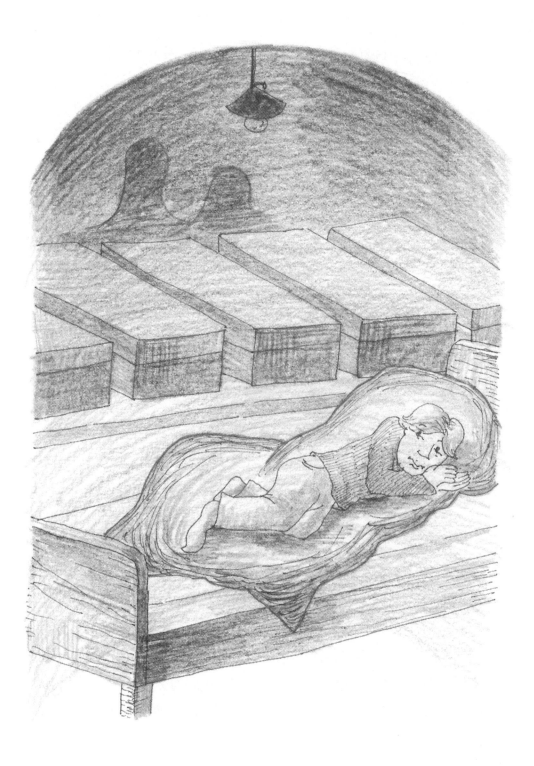

"이렇게 이른 아침에 오신 걸 보면 급한 일이 생기셨나 보군요. 제가 안에 들어가 아저씨를 불러 올게요."

문을 두드린 사람은 올리버보다 몇 살 더 되어 보이는 소년이었다.

"후후후, 너 지금 뭐라고 했냐? 나더러 관을 사러 온 손님이라고 했니?"

소년은 거친 말투로 허공에 주먹질을 해 보이며 올리버를 위협했다.

"잘 기억해 둬. 내 이름은 노아 클레이폴이야. 이 곳에서 일한 지는 한참 됐으니까 앞으로 너는 내 말을 잘 듣도록 해."

이 소년의 아버지는 전쟁터에서 몸을 다친 뒤로 술에 의지한 채 살아 가고 있었다. 어머니가 잡일을 하면서 생활을 해 나가고 있었지만, 가난한 집안 형편으로 소년은 이 장의사에서 일을 하며 얼마간의 돈을 받고 있었다.

살림집에서 샬럿이 아침을 먹으러 오라고 기별을 했다. 노아 앞에 놓여진 식사는 그런대로 먹을 만한 것이었다.

"넌 저리로 가서 먹어."

샬럿은 노아에게는 상냥하게 미소까지 지으며 말했지만 올리버에게는 매몰차게 대했다. 부엌 한 구석에 차려진 음식은 보잘것없었다.

노아와 샬럿의 구박을 받으며 이 곳에서 생활한 지도 벌써 한 달이 다 되어갔다. 어느 날, 소워베리는 부인과 앉아 이야기를 나누었다.

"새로 들어온 올리버 녀석 말이오. 그 녀석을 장례 행렬의 맨 앞에 세워 깃발을 들게 하는 게 어떻겠소?"

"하긴 얼굴이 곱상하니 괜찮은 생각인 것 같구려."

장의사 소워베리는 그 날부터 올리버를 데리고 다니며 장례 절차를 꼼꼼히 가르쳐 주기 시작했다. 그를 따라 이곳 저곳을 다니면서 올리버는 어린 나이에 여러 가지 좋지 않은 일들을 듣고 경험하게 되었다.

한번은 남편 되는 사람이 부인의 병을 소홀히 하는 바람에 죽음에 이르게 한 경우도 보았다. 장례 절차에 따라 부인은 땅속에 묻히게 되었고 목사님이 오셔서 설교를 마친 뒤 사람들은 흩어졌다.

전염병이 마을에 돌자, 어린아이들이 날마다 죽어 나갔다. 올리버는 그 때마다 장례 행렬의 맨 앞에 서서 마을의 정해진 길을 걸어갔다.

"아, 저 소년의 모습을 보니 내 아들 생각이 나는군."

"흑흑흑, 저 아이의 슬픈 눈을 보니 더 그러네요."

마을 사람들은 검은 옷을 입은 핼쑥한 얼굴의 올리버를 바라다보고 저마다 한 마디씩 중얼거렸다.

장의사 소워베리는 사람들이 장례 행렬을 따르는 올리버를 좋아하게 되자, 내심 기뻤다. 올리버가 점점 소워베리에게 인정을 받기 시작하자 함께 일하던 노아는 질투가 났다.

"이봐, 꼬마. 요즘 몹시 건방져. 주인 어른이 너를 조금 귀여워해 준다고 우쭐대는 모양인데 착각하지 마."

샬럿 역시 노아와 함께 시간이 날 때마다 올리버를 괴롭히고 못살게 굴었다. 장의사의 부인도 샬럿이 하는 말만 믿고 올리버를 좋지 않게 생각했다.

그러던 어느 날이었다. 일을 마치고 방금 돌아온 올리버는 점심을 먹기 위해 부엌으로 내려갔다.

"어이, 꼬마. 오늘도 주인 나리의 귀여움을 듬뿍 받고 왔나 보지?"

"……"

이미 부엌에 내려와 있던 노아는 슬쩍 올리버를 집적거리기 시작했다. 하지만 올리버는 대답할 필요가 없다고 생각했는지 아무런 대꾸를 하지 않았다.

"어, 내 말이 말 같지 않다는 거야? 네가 뭐 대단한 가문의 아이라도 된다고 생각하나 본데, 네 엄마는 그렇고 그런 여자야."

올리버는 무조건 참으려고 생각했지만 노아가 자기 어머니의 이야기를 함부로 꺼내며 헐뜯기 시작하자 도저히 가만히 있을 수 없었다.

"지금 뭐라고 했어? 우리 엄마는 아주 좋은 분이셨다고 샐리 할머니가 그러셨어."

"흥, 그걸 믿다니 넌 참 순진하구나. 내가 장담하건대 네 엄마는 행실이 좋지 못한 어자임에 틀림없어. 아버지도 모르는 너를 혼자서 낳았다고 하는 걸 보면 말이야."

어디서 들었는지 노아는 꽤 상세히 올리버의 출생에 대해 알고 있었다. 잠시 어머니 생각에 눈물이 흐르던 올리버는 노아의 거침없는 말에 제정신이 아니었다.

"너, 지금……."

올리버는 옆에 있던 물건을 들어 닥치는 대로 노아를 향해 던졌다. 갑작스런 올리버의 공격에 노아는 넋을 잃고 뒤로 넘어지고 말았다. 그런 노아를 향해 올리버는 두 손으로 옷을 움켜쥐고 마구 흔들었다.

"아, 사람 살려! 살려 줘!"

하지만 올리버의 귀에는 노아의 숨 넘어가는 소리가 하나도 들리지 않았다. 단지 자신의 어머니를 형편없는 여자로 취급한 노아에 대한 복수심만이 이글거리며 타올랐다.

멀지 않은 곳에 있던 샬럿이 프라이팬을 들고 들어와 올리버의 뒤통수를 힘껏 내리쳤다.

"돼먹지 못하게 어디서 주먹을 휘두르고 있어? 마님, 마님! 이리 좀 와 보세요."

샬럿은 재빨리 장의사 부인을 불러 와 현장을 보여 주었다.

"세상에 어디서 저런 지독한 아이를 데려와서 이 난리를 치르게 됐는

지 모르겠네. 어디 이놈! 맛 좀 봐라."

장의사의 부인은 두 팔을 걷어붙이고 두 사람과 함께 올리버를 공격하기 시작했다. 한참을 세 사람에게 두들겨맞고 꼬집힌 올리버는 결국 어두운 창고에 갇히고 말았다.

"마님, 하마터면 큰일날 뻔 했어요. 노아가 아니었더라면 저 어린 꼬마 놈이 무슨 짓을 했을지 모르잖아요."

"휴, 이제야 한시름 놓았구나. 하지만 저 녀석이 또 난동을 부리면 어떻게 하지? 주인 양반도 금방 돌아올 것 같지 않은데……."

샬럿, 노아와 함께 걱정을 하던 장의사 부인은 잠시 생각에 잠겼다.

"옳지, 저 꼬마를 우리 집에 데리고 왔던 그 읍사무소 서기 어른께 이 일을 알려서 오시도록 해야겠다."

노아의 전갈을 받은 범블은 숨을 헉헉대며 장의사의 집으로 한달음에 달려왔다. 부인의 심부름을 간 노아가 올리버의 행동을 과장되게 설명하며 큰일이 난 것처럼 떠벌렸기 때문이다.

부인의 안내로 범블은 올리버가 갇혀 있는 창고 앞으로 가 보았다. 조금 전까지 헛간 문을 걷어차며 내보내 달라고 울부짖던 올리버는 지쳐 잠이 들었는지 잠잠했다.

"올리버!"

헛간 밖에서 낮익은 음성이 들리자 올리버는 귀를 쫑긋 세웠다.

"아, 저 목소리는 범블 씨 같은데?"

안에서 아무런 응답이 없자 범블은 다시 한 번 소리쳐 불러 보았다.

"올리버, 내 말 들리니?"

"범블 씨가 틀림없군요. 제발 절 좀 여기서 나가게 해 주세요."

올리버의 목소리를 확인한 범블은 세 사람을 보며 단호하게 말했다.

"저 아이는 미친 것은 아닙니다. 단지 그 동안의……."

그를 향해 두 귀를 쫑긋 세우고 있는 세 사람을 향해 무슨 변명이라도 해야 하는데, 좋은 생각이 떠오르지 않자 범블은 잠시 뜸을 들였다.

"맞아요. 소워베리 부인께서 저 아이에게 너무 기름진 음식을 먹였기 때문입니다. 좀더 자세히 말하자면 고기 반찬을 너무 많이 먹인 탓이지요. 원래 죽만 먹던 저 아이가 고기에 맛을 들인 뒤로 저렇게 난폭해진 것 같군요."

"어쩜, 범블 씨 말이 맞는 것 같아요. 그 동안 잘 돌봐 준 은혜도 모르고 저렇게 소란을 피우다니……."

장의사 부인은 흡족한 얼굴로 범블의 말에 맞장구를 쳤다. 그들이 하는 이야기는 창고 안에 있던 올리버에게도 그대로 들려왔다.

'말도 안 되는 소리야.'

억울한 마음이 든 올리버는 다시 한 번 문을 두들기며 애원했다.

"잘못했으니 이 곳에서 내보내 주세요! 흑흑흑."

한참을 그러고 있는 사이에 소워베리가 집으로 돌아왔다.

"무슨 일로 이렇게 모여 있는 게요?"

"어머, 당신이로군요. 마침 잘 왔어요. 글쎄 내 말 좀 들어보시구려."

이렇게 시작한 이야기는 있지도 않았던 일까지 살을 붙여 지어냈다. 그 곳에 있는 세 사람 모두 한결같이 올리버의 난폭함을 나무라자 주인 역시 어쩔 도리가 없었다.

'흠, 저 아이에게 분명 무슨 사연이 있었던 게 분명해. 하지만 이렇게 모두들 저 아이를 혼내줄 것을 벼르고 있으니, 나 혼자 저 아이를 두둔해 줄 수가 없군.'

곧 창고 문이 열리고 올리버가 다 죽어 가는 얼굴로 나타났다. 주인은 이 순간을 놓치지 않고 거기에 있는 사람들이 보라는 듯이 올리버에게 발길질을 했다.

"올리버! 내가 없는 동안에 도대체 무슨 짓을 한 거니? 앞으로 당분간은 내 눈앞에 얼씬거리지도 마라."

올리버를 아끼는 주인이었지만 할 수 없이 이렇게 독하게 대했다. 그곳에 서 있던 노아의 얼굴에 야릇한 미소가 떠올랐다.

'자식, 잘 됐다. 그 동안 내게 무례하게 군 벌이다.'

이 사건은 이렇게 끝을 맺고 올리버는 관이 널려 있는 가게로 올라가 어두컴컴한 곳에 혼자 남게 되었다.

갑자기 서러운 생각이 마음속 한 곳에서 물밀듯이 솟아올랐다. 올리버는 곁에 아무도 없다는 생각이 들자 마음껏 소리내어 울기 시작했다.

조금 전 여러 사람에게 얻어맞은 상처가 욱신거리며 그 슬픔을 더해 주었다.

'내가 무얼 잘못했단 말인가? 앞으로도 여기 있다간 노아에게 괴롭힘을 면치 못할 거야. 어디든지 다른 곳으로 떠나야겠어.'

이렇게 작정한 올리버는 변변치 못한 자기 물건들을 정리해 나갔다.

런던 생활

올리버는 날이 밝기만을 기다렸다가 장의사 문을 살며시 열고 그 곳을 빠져 나왔다.

'이제 어디로 가지?'

잠시 망설이다가 올리버는 발길이 닿는 대로 길을 걷기 시작했다. 한참을 가니 구빈원 지원의 건물이 눈에 들어왔다.

'지금쯤 친구들은 어떻게 지내고 있을까?'

이런 생각을 하며 올리버는 겁도 없이 지원의 건물 안을 기웃거렸다.

"딕!"

마침 올리버와 사이가 좋았던 딕이 마당에서 놀고 있는 모양을 발견하고는 너무도 반가운 나머지 작지만 분명한 소리로 불러 보았다.

"아니, 너 올리버 아니니?"

"그래, 딕. 정말 반갑구나."

지원에 남아 있는 딕 역시 오랜만에 만나 보는 올리버가 새삼 반가워 그가 있는 곳으로 재빨리 다가갔다.

"난 지금 장의사를 떠나 어디론가 가려는 중이야. 나를 봤다는 말을 누구에게도 해서는 안 돼. 그런데 너 몹시 아파 보이는구나."

"응, 의사가 나를 진찰하고 사람들과 나누는 이야기를 들었는데 아마 오래 살지 못할 거래. 올리버, 나 대신 행복하게 오래 살아야 돼."

"아, 딕 어쩌다가……."

아픈 딕을 만난 올리버의 마음 한 구석이 안쓰러움에 할말을 잊었다.

"올리버! 저기 사람들이 오는 것 같아. 여기서 붙잡히면 넌 끝장이야. 어서 가!"

"안녕, 딕. 어딜 가든지 너를 평생 잊지 못할 거야."

친구의 애정어린 배웅을 받으며 올리버는 걸음을 재촉했다. 얼마를 왔을까 자신이 머물던 마을이 멀리 희미하게 보였다.

"휴, 여기서 좀 쉬어야겠다."

잠시 길가에 앉아 휴식을 취하던 올리버의 눈에 '런던까지는 앞으로 110킬로미터'란 푯말이 보였다.

'런던? 런던이라면 언젠가 들은 적이 있어. 그 곳에서는 열심히만 일하면 먹고사는 데는 걱정이 없을 거라고 했어.'

그 때부터 올리버는 런던으로 가기로 작정하고 발이 부르트도록 열심히 길을 걸었다. 가다가 지치면 목장이나 외딴집에서 잠을 자고, 눈을 뜨면 다시 런던을 향해 걷기를 여러 날 지속했다.

길가에서 만난 사람들은 하나같이 올리버의 차림새가 허름한 것을 보고 별로 달가워하지 않았다.

"어서 썩 꺼지지 못해! 요즘 하도 좀도둑이 설쳐서 도무지 장사가 안 된단 말이야."

배고픔에 길가의 빵집이라도 기웃거릴 때면, 주인은 눈을 부라리며 달려나와 올리버를 내쫓곤 했다.

하지만 모두 다 그런 사람들만 있는 것은 아니었다. 어떤 인자하게 보이는 할머니는 보따리를 풀어 올리버에게 빵과 마실 것을 나누어 주기도 했다.

"쯧쯧쯧, 얼마나 배가 고팠으면……."

"이 은혜 평생 잊지 않겠습니다."

올리버는 오랜만에 먹어 보는 빵을 꾸역꾸역 입 속으로 밀어 넣으며 감사의 인사를 하는 것을 잊지 않았다.

그렇게 런던으로 향한 지 일주일쯤 되는 날이었다. 올리버는 런던 근처에 있는 버넷이라는 한 마을에 도착했다.

"아, 너무 힘들어. 이제 더 이상 못 걷겠어."

배고픔과 지쳐 버린 몸으로 한 발짝도 움직일 수 없는 올리버는 그 자리에 주저앉고 말았다. 날이 밝아오고 사람들의 발걸음이 많아지기 시작했다.

따가운 햇살에 숙였던 고개를 든 올리버는 한 소년의 눈길이 조금 전부터 자신에게 머물러 있음을 눈치챘다.

두 소년의 눈길이 딱 마주치자 낯선 소년은 아무 거리낌 없이 올리버에게 다가왔다.

"무슨 일이니? 도와줄 일이라도 있어?"

"아, 난 지금 몹시 배가 고파."

"저런……. 일어나! 그 정도라면 내가 해결해 줄 수 있어."

마치 구세주를 만난 것처럼 올리버는 아무런 의심도 하지 않고 낯선 소년의 뒤를 따라갔다. 근처에 조그만 가게에 들어간 올리버는 소년이 시켜 준 빵과 음료수를 맛있게 먹었다. 음식을 다 먹어갈 즈음 낯선 소년이 나지막이 물었다.

"너 어디 갈 곳은 있니?"

"아니."

"그럴 줄 알았다. 오늘 저녁쯤 런던 시내로 들어가야 하니까 나랑 같이 가자. 네가 있을 곳을 알아봐 줄게."

올리버는 낯선 소년이 마치 자신의 일을 모두 알고 있는 듯해 한편으로는 겁이 나기도 했지만, 지금 당장 갈 데가 마땅치 않았기 때문에 소년이 하자는 대로 했다.

"자, 만나서 반가워. 내 이름은 존 도킨스야. 네 이름은?"

"이렇게 도와주어서 고마워. 내 이름은 올리버 트위스트야."

존이라는 소년은 올리버와 비슷한 나이였는데 옷차림이 평범해 보이지 않았다. 마치 어른의 모습을 흉내낸 것처럼 낯설어 보였다. 게다가 건들거리는 폼이 착한 아이 같지는 않았다. 하지만 걸음걸이나 행동이 몹시 빨랐다.

"내 별명은 '날쌘돌이'야. 자, 어서 가자."

부지런히 존의 뒤를 따라 걷던 올리버는 자신이 어느 새 비좁은 골목 길로 접어들었다는 것을 알았다. 거리는 지저분하기 짝이 없었고, 거리의 사람들은 술에 취해 고래고래 고함을 질러 댔다.

'무언지 기분이 좋지 않아. 이대로 도망쳐 버릴까? 아니야, 이 곳을 빠져 나간다고 해도 갈 만한 데가 없잖아.'

올리버는 거의 될 대로 되라는 식으로 멍하니 존의 뒤를 따랐다.

"야, 올리버. 이제 다 왔다. 여기서 잠깐 기다려."

날쌘돌이 존은 손을 입에 가져다 대고 휘파람을 불었다.

"휘익!"

이 신호를 듣고 허름한 집 앞의 문이 살며시 열렸다. 웬 사나이가 집 안으로 들어오려는 사람을 확인하기 위해 성큼성큼 걸어나왔다.

"어서 와라. 옆에 있는 놈은 누구냐?"

어두워서 잘 보이지는 않았지만 집 안에 있던 사나이 역시 인상이 그리 좋아 보이지 않았다.

"걱정할 것 없어요. 새로 온 친구예요."

날쌘돌이는 험상궂은 사나이 앞을 가로질러 재빨리 2층으로 향하는 계단을 올라갔다. 뒤따라 올라간 올리버는 열린 방 안을 이리저리 둘러보았다.

허름한 방 안에는 식탁이 하나 놓여져 있었고, 그 곳에 삥 둘러 몇 명의 소년이 앉아 있었다. 벽 한 쪽에는 벽난로가 보였고, 지금 무언가를 굽고 있는 중이었다. 탁자 위에 몰려 있는 소년들은 아무렇지도 않게 술을 마시고, 담배를 피워 댔다.

존이 방 한가운데 서 있는 한 노인에게로 가 뭐라고 귓속말을 했다.

"여러분, 제 새로운 친구 올리버입니다. 모두 박수로 맞아 주시기 바랍니다."

"와!"

잠시 떠들썩한 분위기가 가라앉자 존은 올리버를 데리고 노인 곁으로 냉큼 걸어갔다. 가까이에서 본 노인의 얼굴은 사악함이 배어 있어 그 역시 별로 좋은 인상을 주지 못했다.

"인사해. 앞으로 너를 돌봐 줄 페긴 씨야."

유대 인 노인 페긴은 야릇한 웃음을 얼굴 가득히 짓고는 올리버의 등을 토닥거렸다.

"잘 왔다. 앞으로 잘 지내도록 하자."

인사가 끝나자 그 곳에 모인 아이들은 올리버의 곁으로 다가와 작은 보따리를 뒤적거렸다. 페긴 영감이 그들을 막대기로 두들기며 쫓았다.

"이 녀석들, 손님에게 무슨 짓들이야. 얼른 자리로 가서 앉지 못하겠어? 존, 너는 얼른 이 아이의 식사 자리를 잡아주도록 해라."

오랜만에 먹어 보는 식사인지라 올리버는 아무런 생각 없이 허겁지겁 음식을 먹어 댔다.

"정말 맛있어."

"몹시 배가 고팠던 모양이구나. 자, 여기 이 술을 마셔 보도록 해라. 아마 잠이 잘 올 테니까"

유대 인 노인이 내미는 술을 사양하던 올리버는 결국 한 잔 마시고 말았다. 오랜 동안의 피로가 한꺼번에 몰려들었다.

어떻게 잠이 들었는지 모를 정도로 올리버는 잠에 곯아떨어지고 말았다. 다음 날 날이 밝아오도록 올리버는 잠에 취해 있었다.

얼마를 잤는지 올리버는 어렴풋이 눈을 떴다.

'여기가 어디지? 그래, 어제 존이라는 아이의 뒤를 따라 이 곳으로 왔지. 그런데 왜 이렇게 조용할까?'

어제와는 달리 방 안에서 아무런 소리가 들리지 않자, 올리버는 조용히 일어나 사방을 두리번거렸다.

'앗, 저 사람은 어제 존으로부터 소개를 받은 유대 인 노인인데. 가만, 돌아앉아 무언가를 열심히 들여다보고 있는 것 같은데.'

방 안에 노인과 자신만이 있다는 생각에 두려운 마음도 들었지만 한편으론 궁금한 생각이 들어 올리버는 다시 자리에 누워 자는 척했다.

유대 인 영감은 문득 일어나 올리버가 있는 곳으로 다가와 무언가를 확인하려 했다.

"애, 자니?"

낮은 소리로 살며시 올리버를 불러본 뒤, 안심을 한 듯 노인은 혼잣말을 하고 다시 제자리로 돌아갔다.

"흠, 잠이 아주 깊이 든 모양이군."

영감이 다시 탁자로 돌아가 등을 돌리고 앉자, 올리버는 감았던 눈을 살며시 떴다. 유대 인 노인은 어딘가에서 꺼낸 상자의 뚜껑을 살며시 열었다.

"보면 볼수록 마음에 든단 말이야. 아, 이 영롱한 빛은……."

올리버는 유대 인 노인이 들여다보고 있는 물건이 무엇인지 보기 위해 윗몸을 일으켰다.

'앗, 저건 보석으로 장식한 시계로군. 값이 꽤 나가겠는걸.'

마치 보물을 대하듯 조심스럽게 이리저리 살펴보던 영감은 시계를 다시 상자 속에 넣은 뒤, 다시 다른 물건들을 하나씩하나씩 꺼내 보았다.

"이건 내 전 재산이야. 앞으로 내 삶을 풍요롭게 해 줄 보물들이야. 후훗, 이것들을 착실히 내게 가져다 준 어린것들이 기특하기 짝이 없단 말이야."

노인이 지껄이는 어린아이들이란 어젯저녁에 모여 있던 소년들을 말한다는 것을 올리버는 짐작할 수 있었다.

'내 또래 아이들이 무슨 수로 저런 귀한 것들을 가져다 주는 걸까?'

아직 소년들이 무슨 일을 하며 지내는지 알지 못하는 올리버는 고개를 갸우뚱거렸다.

"고 귀여운 것들이 한 놈도 나를 고자질하지 않았으니 얼마나 착실한 놈들인가. 나를 위해 오늘은 뭘 물어올지 궁금하군."

탁자 위에는 노인이 꺼내 놓은 반지, 시계, 팔찌 등의 화려한 귀금속

이 가득했다.

"흠, 이제 고 녀석들이 돌아올 시간도 멀지 않았으니, 그만 이것들을 상자 속에 넣어 둬야겠다."

노인은 상자 속에 귀금속을 하나씩 담다가 말고 혹시나 하는 생각에 뒤를 돌아보았다. 그 순간 등뒤에서 노인이 하는 행동을 지켜보고 있던 올리버와 눈이 딱 마주쳤다.

'윽, 어쩌면 좋지?'

올리버는 금방이라도 숨이 멎을 것 같았다. 유대 인 노인의 눈은 사람을 잡아먹는 맹수의 눈처럼 빛이 났다.

노인은 상자를 소리나게 닫은 뒤 올리버가 있는 곳으로 천천히 걸어 왔다.

"어디까지 본 거니? 상자를 꺼냈을 때부터야, 아니면 상자 속 물건을 일일이 다 봤을 수도 있겠지?"

"……."

숨이 막힌 올리버는 금방 노인의 물음에 대답할 말이 생각나지 않았다. 그러자 노인은 탁자 위에 놓인 칼을 들고 올리버를 위협했다.

"어서 말하지 못하겠어? 네가 본 것을 그대로 이야기해!"

"지금 눈을 떴어요. 정말이에요."

유대 인 노인은 벌벌 떨고 있는 올리버를 바라보고는 칼을 들었던 손을 가만히 내려놓았다.

"네가 모든 걸 봤다고 하더라도 할 수 없지. 저 상자는 내 전부야. 난 모든 욕구를 참아가면서 저것들을 모은 거야. 지독한 사람이라고 놀려도 좋아."

올리버는 한결 누그러진 노인의 태도에 한편으로 안심이 되었다.

'페긴 영감의 말대로 저 정도면 이런 누추한 곳에 살지 않아도 될 텐

데. 하지만 이런 곳에서 여러 아이들을 돌보고 있는 걸 보면 좋은 사람임에 틀림없어.'

이런 생각이 들자 올리버는 유대 인 영감에 대해 이전과는 다르게 좋은 감정이 들었다. 그 동안 노인은 상자를 어딘가에 숨겨 놓고는 별일 아닌 것처럼 행동했다.

"일 나간 녀석들이 돌아올 때가 된 것 같군."

노인이 말이 끝나기가 무섭게 두 소년이 헐레벌떡 뛰어들어왔다.

"이제야 왔군. 너희들 모두 손 씻고 아침을 먹을 준비를 해라."

날쌘돌이 존과 함께 찰리 베이츠, 올리버, 유대 인 노인은 한자리에 앉아 식사를 했다.

"아, 잘 먹었다."

두 소년은 배가 몹시 고팠는지 아침을 뚝딱 먹어치우고는 차를 마셨다. 이 때를 기다려 노인이 한 마디 던졌다.

"자, 오늘 일한 것을 보여 주겠니?"

"잊지도 않으시는군."

존은 간단히 대답을 하고는 주머니에 손을 집어넣고 뒤적거렸다. 잠시 후, 그가 탁자 위에 꺼내 놓은 것은 가죽 지갑 두 개였다.

"어디 속을 좀 볼까?"

노인은 익숙한 솜씨로 지갑 속을 뒤졌다.

"이런, 별로 든 게 없잖아. 존, 혹시 네가……."

"무슨 말씀이세요? 전 지갑 속은 열어보지도 않았어요."

실망한 유대 인 노인이 존을 의심스런 눈길로 바라보자, 존은 손을 내저었다. 어쩔 수 없다고 여긴 노인은 다시 찰리에게 말을 건넸다.

"찰리, 네가 가져온 물건을 좀 보자."

"지갑은 없고 여기 손수건을 가져왔어요."

"호, 이건 아주 비싼 거로구나. 찰리, 수고했다."

존에게서 실망한 노인은 찰리가 내민 품위 있는 손수건을 보고 흡족해했다. 이 모습을 물끄러미 바라보고 있던 올리버를 향해 노인이 농담 삼아 한 마디 했다.

"올리버, 어떠냐? 네 친구들이 대단하지 않니? 열심히 배우기만 한다면 너도 이렇게 좋은 물건을 마음대로 가질 수가 있단다."

"제게도 그런 재주를 가르쳐 주세요."

올리버의 진지한 대답에 찰리와 존은 웃음이 터져 나와 더 이상 참을 수가 없었다.

"하하하!"

"네가 원한다면 공짜로 얼마든지 기술을 가르쳐 줄게. 하하하!"

두 소년은 배를 움켜쥐고 한바탕 웃어젖혔다. 식사를 마치고 난 그들은 주변을 깨끗이 치운 뒤에 노인으로부터 교육을 받았다.

"올리버, 저 아이들이 하는 걸 잘 봐 둬라."

곧 노인이 머리에 모자를 쓰고 조끼와 윗옷을 걸쳐 입었다. 그리고는 방 안을 이리저리 왔다갔다했다. 존이 노인의 앞에 얼쩡거리는 동안 찰리는 잽싸게 무슨 물건을 꺼냈다.

'저게 뭐지?'

찰리가 꺼낸 물건은 다름 아닌 노인의 손수건이었다. 그러자 이번에는 존이, 노인이 한눈을 파는 사이에 바지에서 지갑을 슬쩍 꺼냈다.

두 소년은 마치 재미난 놀이를 하는 것처럼 웃음을 띠며 했다. 노인 역시 자신이 모르는 사이에 소년들이 물건을 하나씩 꺼내자 만족한 듯이 미소를 지었다.

여러 가지 자세를 취하는 노인 곁에서 물건을 꺼내는 놀이는 그렇게 한참 계속 되었다.

"대체로 연습을 잘한 편이다. 하지만 찰리는 조금 더 행동을 빨리 해야겠다. 그렇게 한 순간씩 박자가 느리면 사람들이 눈치를 채게 마련이니까."

"조심할게요."

그러나 다시 연습하면서 찰리의 실수가 다시 반복되자 노인은 화를 내며 호통을 치기 시작했다.

"찰리, 조금 더 빨리 움직이라고 했지. 바보 같은 녀석!"

유대 인 노인은 화가 치밀었는지 가지고 있던 지팡이로 찰리의 머리통을 한 대 갈겼다.

"아얏!"

"정신 똑바로 차려!"

찰리가 두들겨맞은 머리를 손으로 문지르고 있을 때, 가만히 문이 열리며 웬 여자 둘이 썩 들어왔다.

"와, 오랜만이네. 어서 와!"

두 여자는 방 안에 있던 올리버를 의심스런 눈길로 바라보았다.

"아, 저 애는 새로 온 식구야. 올리버, 인사해. 이쪽은 낸시고, 저쪽은 베티라고 해."

여자들의 옷차림은 단정치 못해 보였다. 요란한 옷차림에 얼굴은 짙게 화장을 하고 있어 보기에도 얌전한 아가씨들은 아니었다.

하지만 처음 본 사람들에게도 스스럼없이 말을 건넬 정도로 성격은 활달했다. 올리버에게 몇 가지 물어 본 두 아가씨는 다시 찰리와 날쌘돌이 앞으로 가서 무슨 이야기를 주고받으며 깔깔대고 웃었다.

"그래, 그런 일이 있었어? 재미있겠는걸."

존과 찰리는 두 아가씨와 함께 의논을 한 뒤 곧 밖으로 나가 버렸다. 다시 혼자 남은 올리버를 향해 유대 인 노인이 말을 붙였다.

"저 애들은 오전에 일을 끝낸 뒤, 저렇게 나가 노는 거란다. 자유스럽고 좋은 일거리라고 생각되지 않니?"

노인의 말을 그대로 믿는 올리버는 고개를 끄덕였다.

"예, 저도 그렇게 생각해요."

"그럼, 조금 전에 저 애들이 했던 놀이를 해 보겠니?"

"좋아요. 가르쳐 주신다면 기꺼이 배우겠어요."

"흠, 넌 참 영리한 아이다. 자, 내 말을 잘 듣거라. 내가 걸친 옷에서 무언가를 빼내 보도록 해라."

영감의 말이 떨어지자 올리버는 자리에서 벌떡 일어나 노인 곁으로 가서는 조금 전 본 대로 해 보았다.

어느 새 올리버의 손에는 멋진 수를 놓은 손수건이 들려 있었다.

'이거 참, 굉장히 흥분이 되는걸. 내 손에 들어오기만 하면 모든 물건이 내 것이 된다니 말이야.'

훔친 손수건을 들어 영감에게 손짓해 보였다. 그러자 페긴 영감의 얼굴에 웃음이 번졌다.

"오! 정말 훌륭해. 감쪽같이 해냈구나. 넌 조금만 연습하면 아주 잘할 수 있겠어."

올리버는 오랜만에 들어보는 칭찬에 어깨가 으쓱거렸다.

"자, 네 손에 들어온 손수건을 완전히 네 것으로 만드는 방법을 알려 주마."

유대 인 영감 페긴은 올리버를 탁자 있는 곳으로 데려갔다. 그리고는 서랍을 열어 몇 가지 도구를 올려놓았다.

"이건 어디에 쓸 건가요?"

"궁금하니? 그럼, 잘 봐라."

페긴이 들고 있는 손수건에는 누군가의 이름이 약자로 적혀 있었다.

"자, 이걸로 여기 수놓여 있는 이름을 감쪽같이 떼내는 거다. 이렇게 말이야."

익숙한 솜씨로 요리조리 수실을 뜯어내자 손수건에는 아무런 흔적도 남지 않았다. 올리버는 소리를 지르며 감탄했다.

"야, 굉장해요."

"자, 금방 본 대로 너도 해 보거라."

올리버는 서툰 솜씨로 이리저리 따라 해보았다.

"손수건에 흠집이 남았지만 처음 솜씨치곤 잘했다. 자, 이제 다시 조금 전에 했던 재미있는 놀이를 다시 해 보자."

"좋아요. 이제 더 잘할 수 있을 거예요."

그 뒤로도 올리버는 틈만 나면 페긴 영감에게 물건을 빼내는 법에 대해 배웠다. 이 곳에 머물면서 어느 정도 몸이 회복된 올리버는 그 일에 점점 재미를 느껴 갔다.

하루 종일 방 안에 있는 올리버는 자신이 하고 있는 놀이가 어떤 일인지 알지 못했고, 단지 심심하던 차에 놀이처럼 따라했다.

하루는 찰리와 존이 함께 있을 때, 올리버는 하소연을 했다.

"아, 나도 너희들과 바깥에 나가고 싶어. 이 곳에서 온종일 있으려니 갑갑해. 그 동안 먹여 주고 재워 준 은혜에 보답하기 위해 너희들과 함께 일을 하고 싶어."

"그래? 그럼 내가 저 영감님에게 이야기해 볼게."

마침 소년들이 먹을 식사를 위해 요리를 하고 있던 페긴 영감에게 존이 다가가 귓속말을 했다.

"알았다."

존의 소근거리는 소리에 간단히 대답을 한 페긴 영감은 올리버를 바라다보았다.

"올리버, 네 생각이 그렇다면 며칠 더 연습을 한 뒤 저 아이들을 따라가 보도록 해라."

"와, 신난다."

밖으로 나갈 수 있다는 말에 올리버는 마냥 신이 났다. 다른 아이들과 함께 바깥 구경을 할 수 있는 날을 손꼽으며 기다렸다.

"이 녀석들! 너희들 어디다 정신을 두고 다니는 거야? 가져온 물건이 대체 이게 뭐냐?"

하루는 밤늦게 돌아온 소년들을 보고 페긴 영감이 호통을 쳤다.

'무슨 일일까?'

그 동안 소년들이 내민 물건을 보고 언짢은 표정만 가끔씩 짓고 있다가 몇 번 쥐어박곤 하던 페긴 영감이 이번엔 화가 단단히 난 모양이었다.

"오늘은 안 되겠다. 저녁 먹을 생각은 하지도 말아라!"

결국 밖에서 돌아온 소년들은 아무것도 먹지 못한 채 잠자리에 들었다. 그들은 이불을 뒤집어쓴 채 페긴 영감에게는 들리지 않을 작은 목소리로 이렇게 중얼거렸다.

"치, 그 동안 가져다 준 것만 해도 얼마나 많은데, 들고 온 것이 없다고 이렇게 구박을 하다니."

"맞아, 우린 목숨을 걸고 하는 일인데. 만약 잡히기라도 하면 그 날로 끝장이야."

소년들이 하는 이야기를 듣던 올리버는 이해할 수가 없었다.

'무슨 소릴까? 왜 저들이 하는 놀이가 위험한 일이라고 하는 거지?'

올리버는 그 까닭을 물어 보고 싶었지만 이미 늦은 밤이라 혼자 생각하다가 그만 잠이 들고 말았다.

새로운 만남

다음 날, 날이 밝자 페긴 영감은 올리버를 흔들어 깨웠다.

"올리버! 일어 나라."

아직 잠이 덜 깬 올리버는 눈을 비비며 일어났다.

"오늘은 너도 함께 존과 찰리를 따라가거라. 단 주의할 것은, 오늘은 저 아이들이 하는 것을 구경만 하도록 해. 알았지?"

"예."

얼떨결에 이렇게 대답을 한 올리버는 세수를 하고 옷을 대강 차려 입었다. 그 동안 몇몇 아이들은 벌써 바깥으로 나갔다. 나갈 준비를 하던 존이 올리버에게 다가왔다.

"헤헤, 드디어 오늘부터 우리와 함께 일을 하게 됐구나."

심술맞은 표정으로 올리버의 등을 탁 치며 한 마디 하고는 찰리에게 가 버렸다. 두 소년과 함께 어두컴컴한 계단을 내려와 밖으로 나온 올리버는 몹시 기뻤다.

"와, 정말 오랜만에 바깥 공기를 마셔 보는 것 같아."

"자식, 그 동안 꽤 갑갑했던 모양이야."

허름한 집 앞에 서 있던 두 소년은 올리버가 하늘을 향해 기지개를 펴자 깔깔대며 웃었다.

"자, 여기서 꾸물댈 시간이 없어. 어서 가자!"

찰리는 서둘러 어디론가 발걸음을 옮겼다. 올리버는 그들을 놓칠세라 빠른 걸음으로 그들을 뒤따랐다.

그들은 거리로 나와서 여기저기를 기웃거렸다. 거리 상점의 진열대를 기웃거리다가는 괜히 지나가는 꼬마들에게 시비를 걸기도 했다.

"야! 너 이리와 봐."

"왜요?"

"이 녀석이, 내가 누군 줄 알고 그따위 소리를 하는 거야!"

찰리는 한 꼬마의 머리를 후려갈겼다. 꼬마가 앙 소리를 내며 울어 대자, 근처에 있던 아이의 엄마 되는 여자가 소리를 질렀다.

"아니, 누가 우리 애를 건드렸어!"

"이크, 저 녀석의 엄마가 있었네. 올리버! 어서 뛰어."

벌써 존은 저만치 달려가고 있었고, 찰리는 멍청하게 서 있는 올리버에게 냅다 소리를 질렀다.

잠시 후, 그들은 헉헉거리며 골목 귀퉁이에서 숨을 몰아쉬고 있었다.

"치, 재수없어. 그 녀석의 엄마가 없었더라면 한 건 올리는 건데."

"괜찮아. 아직 시간이 있으니 조급히 생각하지 말라고."

"휴, 요즘 들어 페긴 영감이 하도 독촉하며 못살게 구니까 그렇지."

날쌘돌이와 찰리는 서로 불평을 하며 다리를 흔들고 있었다. 그 곁에서 올리버는 무슨 영문인지 몰라 가만히 있었다.

'무슨 일인지 몰라도 왠지 불안해. 이대로 돌아가 버릴까?'

불안한 마음으로 잠시 골목길에 서 있는 동안 갑자기 찰리와 존의 눈이 먹잇감을 찾은 동물의 눈처럼 반짝거렸다.

"찰리, 저길 좀 봐."

"그래, 나도 조금 전부터 살펴보고 있는 중이야."

그들이 가리키는 곳을 향해 올리버 역시 고개를 돌려 바라보았다.

"왜 그래? 무슨 구경거리라도 났니?"

"하하, 올리버 네 말이 맞을지도 몰라. 그런데 재미있는 일은 조금 있다가 보여 줄게."

날쌘돌이는 빙글빙글 웃으며 흥얼거렸다.

"찰리, 저 책방 앞에 서 있는 신사 양반이 목표물이야. 잘해야 해."

"걱정 말고 어서 시작하자. 아참, 올리버는 오늘 처음 거리로 나왔으니 우리가 하는 것을 구경만 하도록 해. 내 말 알아들었지?"

"그, 그래."

두 소년은 휘파람을 불며 골목길을 빠져 나와 길 건너편에 있는 책방을 향해 천천히 걸어갔다. 그 뒤를 멀찌감치 떨어져 올리버가 따랐다.

책방 가까이에서 보니 신사는 다름 아닌 단정한 차림을 한 할아버지였다. 노신사는 마치 책 속에 빨려들어가기라도 하듯이 열심히 책을 읽고 있었다.

두 소년은 점점 노인 곁으로 다가가서는 무언가를 잽싸게 낚아채고는 달리기 시작했다.

'아, 저 애들이 지금 무얼 하고 있는 거지? 그럼 이제까지 내가 배운 재미있는 놀이라는 것도 남의 물건을 훔치는 것이란 말인가?'

올리버는 마치 뒤통수를 얻어맞은 것처럼 머리가 뒤죽박죽이었다. 날쌘돌이를 따라가 이제까지 머문 허름한 집에서 페긴 영감과 함께 한 놀이가 도둑질이란 생각이 들자, 갑자기 눈앞이 캄캄해지고 두 다리가 후들거렸다.

'어쩌면 좋지? 내가 원했던 일은 이런 것이 아니었는데.'

멍하니 서 있는 올리버의 곁으로 가까이 온 두 소년은 노신사의 것으로 보이는 지갑을 흔들며 좋아했다.

"올리버, 어서 뛰어!"

"헉헉헉! 너 지금 뭐 하는 거야. 이러다가 저 늙은이가 지갑이 없어진 걸 알고 쫓아오기라도 하면 어쩌려고 그러니?"

두 소년은 가쁜 숨을 몰아쉬며 올리버의 곁을 지나 조금 전 그 골목길로 몸을 숨겼다.

그 때였다. 책을 읽느라 지갑이 없어진 줄도 몰랐던 노신사가 무슨 낌새를 챘던지 갑자기 사방을 두리번거렸다. 그러다 올리버와 눈이 딱 마주치자 고함을 쳤다.

"저 놈 잡아라!"

올리버는 그제야 위급한 상황이 됐음을 눈치채고 몸을 돌려 뛰기 시작했다. 골목길에서 이 광경을 보고 있던 두 아이는 침을 탁 뱉었다.

"에잇! 멍청한 놈."

"안 되겠다. 올리버가 우리가 있는 곳으로 달려오고 있어. 이러다간 우리 셋 다 붙잡히고 말 거야."

그들은 그 곳의 지리를 잘 알고 있었기 때문에 그 골목길을 요리조리 빠져 나와 거꾸로 노신사의 뒤를 쫓았다.

"저 도둑놈 잡아라!"

"잡아라!"

찰리와 존은 그 동안 사방에서 몰려든 사람들 틈에 섞여 올리버의 뒤를 쫓으며 힘껏 소리를 질렀다.

"헉헉헉……."

올리버는 자신이 한 짓이 아니라는 것을 사람들 앞에서 말할 틈도 없이 무조건 앞을 보고 뛰기 시작했다. 이제 주변에 있던 모든 사람들이 올리버를 향해 고함을 지르며 뒤를 쫓고 있었다.

런던 거리에 익숙하지 않은 올리버는 이제 기운이 떨어져 더 이상 뛸 기운도 없었다. 그 순간 묵직한 것이 그의 앞을 가로막았다.

"앗!"

마침 올리버가 달아나는 광경을 멀리서 지켜보고 있던 고깃간집 주인이 앞으로 나서며 가지고 있던 방망이로 세게 올리버를 내리쳤다.

사람들은 자신들이 쫓고 있던 도둑놈이 쓰러진 것을 알고는 사방에서 몰려들었다.

"나쁜 놈 같으니라고!"

"그러게 말이야. 아직 앳되 보이는데 벌써부터 남의 것을 훔치다니."

"저런 녀석은 당장 감옥에 처넣어야 해."

사람들은 올리버를 향해 한 마디씩 욕을 하면서 손가락질을 했다.

"어서 경찰을 불러요!"

"맞아. 저 놈이 기운을 차리기 전에 얼른 경찰에게 연락을 해야지."

몇몇 사람들이 경찰을 부르러 가는 동안 지갑을 도둑맞은 노신사가 사람들 틈을 헤집고 올리버 가까이 다가왔다.

"저런, 머리에서 피가 나는구나."

노신사는 쓰러진 올리버가 안쓰러운 듯 동정하는 투로 말했다. 그 사이 경찰이 도착하자 올리버에게 고함을 질렀다.

"어린 녀석이 어디 대낮에 남의 물건에 손을 대는 거야!"

그제야 어렴풋이 정신을 차린 올리버가 손을 내저으며 변명을 했다.

"아니에요. 난 훔치지 않았어요. 맹세코, 절대로 저 할아버지의 물건에 손을 대지 않았단 말이에요."

"그럼, 왜 사람들이 네 뒤를 쫓아 이렇게 모여 있단 말이냐?"

"다른 사람이 했어요. 맞아요, 아마 여기 어디 있을 거예요."

"이 녀석이 이번엔 거짓말까지 하고 있네. 다른 녀석들이 했다는 것을 알고 있는 것을 보면 분명 너도 그 녀석들과 한패가 틀림없어. 자, 어서 일어나 나와 함께 경찰서로 가자!"

하지만 올리버는 뒤로 슬슬 물러나며 경찰을 피했다.

"말로 해서는 안 되겠군. 이리 와!"

화가 난 경찰은 올리버의 팔을 세차게 잡아당겼다.

"아얏!"

그러자 인자한 표정의 노신사가 경찰에게 주의를 주었다.

"이봐요! 아직 죄가 밝혀진 것도 아닌데 어린아이를 너무 험하게 다루는 것 아니오?"

"쳇, 당신은 도대체 누굴 두둔하고 있는 거요?"

경찰은 노신사의 말이 아니꼽다는 표정으로 한 마디 톡 쏘아붙이고는 올리버를 데리고 그 자리를 떠났다.

"아 참, 당신도 함께 가야겠소. 물건을 잃어버린 상황을 이야기해야 하니까."

잠시 후, 두 사람은 경찰서에 도착했다.

"자, 여기서 앉아 기다리시오."

그들을 데리고 온 경찰은 서장의 방으로 들어가 버렸다. 잠시 한숨을 돌리고 있는 사이에 노신사는 올리버의 얼굴을 뚫어지게 쳐다보았다.

'저 아이의 얼굴은 어디선가 본 적이 있는데. 어디에서 봤더라?'

경찰서로 끌려온 올리버는 어쩔 줄을 몰라 가슴만 뛰었다. 그 곳에는 아무도 자신을 도와줄 사람이 없었다.

'이 일을 어쩌면 좋아? 이제 꼼짝없이 도둑 누명을 뒤집어쓰고 감옥에 갇히는 신세가 되겠군.'

차라리 장의사에서 뛰쳐나오지 말 걸 그랬다는 후회와 함께 별별 생각이 다 떠올랐다. 게다가 물건을 잃어버린 노신사는 지금 그를 뚫어져라 쳐다보고 있는 게 아닌가.

'저 할아버지도 나를 도둑으로 착각하고 괘씸하다고 생각하고 있는 게 틀림없어.'

이런 생각에 대기실에 앉아 있던 올리버의 몸은 점점 움츠러들었다.

"자, 두 사람은 이리로 들어오시오."

서장의 방으로 들어갔던 경찰이 손짓을 하며 들어오라는 신호를 보냈다. 방으로 들어선 그들 앞에 거만해 보이는 서장이 눈에 들어왔다.

"안녕하시오? 난 브라운로라고 하는 사람이오."

"흠, 조금 전에 일어난 일을 대충 들었소. 그럼 이 꼬마 녀석이 물건을 훔친 범인이로군."

이런 일을 자주 겪는 서장은 무서운 눈으로 올리버를 쏘아보았다. 그 기세에 눌려 올리버는 자신이 죄를 짓지 않았지만 서장의 눈을 피해 얼굴을 수그렸다.

"서장! 할말이 있소."

노신사는 올리버의 앞으로 썩 나서며 이야기를 시작했다.

"할 이야기라는 게 뭐요?"

"난 이 아이가 범인이라고는 하지 않았소."

"아니, 그건 무슨 말이오? 당신 지갑을 훔치는 것을 발견하고는 뒤를 쫓아 붙잡아온 것이잖소?"

무언가 일이 꼬여 있음을 눈치챈 노신사는 숨을 한번 들이쉬었다.

"그렇지 않소. 난 이 꼬마가 내 지갑을 빼내는 것을 본 적이 없소. 단지 지갑이 없어진 것을 알았을 때 주변에 이 아이가 서성대고 있었을 뿐이오."

그러자 서장은 얼굴색이 순식간에 변하며 올리버를 향해 냅다 사납게 소리를 질렀다.

"그럼, 너는 왜 그렇게 도망을 친 거냐!"

"저는 단지……."

올리버는 서장의 서슬에 기가 질려 도저히 말이 나오지 않았다.

"아니오. 저 녀석이 도둑질한 것이 틀림없어요. 경찰 생활을 오래 하다 보면 직감이라는 게 있죠. 저 녀석은 뭔지는 모르겠지만 분명 잘못한 게 있으니까 꽁무니가 빠져라 도망을 쳤을 게요."

서장은 마지막으로 올리버를 윽박질러 자백을 받아 내려고 했다.

"어서 말하지 못하겠어!"

빽 소리를 지르며 책상을 쾅쾅 쳐대자, 올리버는 그만 그 자리에 쓰러지고 말았다. 하지만 서장은 눈 하나 깜짝하지 않았다.

"아니, 여보시오 서장. 도대체 어린아이에게 이 무슨 짓이오?"

노신사 역시 성난 목소리로 서장에게 화를 냈다.

"쳇, 영악스러운 녀석! 이제 기절한 체하는군. 이봐! 어서 저 아이를 끌어 내 감옥에 가두도록 해."

거리에서 그들을 데리고 온 경찰이 올리버를 낚아채듯이 끌고는 밖으로 나가려는 찰나였다. 웬 남자가 헐레벌떡 서장실로 들어섰다.

"헉헉……."

"아니, 당신은 누구시오?"

잠시 숨을 돌린 낯선 남자는 이야기를 시작했다.

"네, 저는 이 분이 책을 보고 있던 그 서점 주인입니다. 바깥에서는 서점 안이 잘 보이지 않지만 안에서는 거리가 훤히 잘 보인답니다."

"지금 무슨 이야기를 하고 있는 거요?"

서장은 난데없이 나타난 서점 주인이 반갑지 않은 듯, 그를 향해 퉁명스럽게 쏘아붙였다.

"아, 예. 그러니까 제가 말씀드리고자 하는 것은 이 소년은 범인이 아니라는 겁니다. 저는 서점 안에서 한 패로 보이는 단정치 못한 두 소년이 이 노신사의 곁으로 다가와서는, 물건을 훔쳐 달아나는 것을 똑똑히 보았습니다."

"뭐라고요? 그럼 이 아이는……."

"이 소년은 그냥 멀리서 가만히 서 있었죠."

자신의 예측이 빗나갔음을 안 서장은 그 자리를 수습하기 위해 서둘러 판결을 내렸다.

"흠, 그럼 저 소년은 죄가 없는 게 맞군. 어서 데리고 나가시오."

노신사는 올리버가 도둑이 아니란 것이 밝혀지자 마음이 놓였다.

'휴, 정말 다행이로군. 하마터면 아무 죄도 없는 저 어린것이 감옥에 갈 뻔했어.'

서점 주인과 노신사 브라운로의 부축을 받아 밖으로 나온 올리버는 아직도 기운을 차리지 못하고 있었다.

"안 되겠군. 이 아이를 우선 내 집으로 데려가야겠어. 이봐요, 미안하지만 길가에 나가 마차 좀 불러 주시겠소?"

마음씨 좋아 보이는 서점 주인은 흔쾌히 허락을 하고는, 마차를 잡아 노신사와 올리버를 태워 주었다.

"고맙소."

"그럼, 안녕히 가십시오."

노신사는 마부에게 급히 말을 몰아달라고 부탁했다. 이윽고 집에 도착한 브라운로는 올리버를 안아 집 안으로 데리고 들어갔다.

"베드윈 부인! 좀 나와 보시오."

그러자 뚱뚱한 몸매에 호들갑스러워 보이는 부인이 나타났다.

"어머! 웬 아이예요?"

"자, 자세한 설명은 나중에 하기로 하고, 어서 이 아이를 눕힐 곳을 마련해 줘요."

곧 아늑한 방에 올리버가 쉴 곳이 정해지고, 베드윈 부인은 정성껏 올리버를 간호했다. 그 뒤로도 여러 날 동안 올리버는 제정신을 차리지 못했다. 아마도 런던 거리에서 겪은 일에 큰 충격을 받아 몸까지 상하게 된 것 같았다.

"아아……. 제발, 그러지 마."

올리버는 가끔씩 악몽을 꾸는지 헛소리를 하며 허공에 대고 손을 내저었다. 그럴 때면 베드윈 부인은 안쓰러운 마음이 들어 올리버의 손을 꼭 쥐어 주었다.

일주일쯤 시간이 지나자 열이 심하던 올리버의 몸도 차츰 기운을 회복하기 시작했다. 올리버는 좀 정신이 들자 야윈 두 눈을 떠 사방을 두리번거리며 흠칫 놀라곤 했다.

'여기가 어디지? 내가 꿈을 꾸고 있는 걸까? 넓고 아늑한 방에 따뜻하고 보드라운 이불까지……. 꿈이라면 깨지 말았으면 좋겠어.'

올리버는 자신의 곁에서 시중을 들고 있는 베드윈 부인의 설명을 듣고 나서야 비로소 꿈이 아니란 것을 알았다.

"이제 좀 정신이 드니? 이 곳은 브라운로 씨 댁이란다."

"아, 서점에서 본 할아버지 말씀이시군요. 보잘것없는 제게 이런 호의를 베풀어 주시다니 정말 어떻게 감사의 말씀을 드려야 할지."

베드윈 부인은 감사의 말을 전하는 올리버를 보고 기특한 아이라고 생각했다.

"후후, 우선 잘 먹고 어서 기운을 차리도록 해라. 브라운로 씨도 그걸 제일 바라고 계시단다. 자, 이야기는 이제 그만 하고 잠을 좀더 자도록 하렴."

그 뒤로 차츰 몸이 회복되어 가면서 올리버는 자신을 돌봐 주는 베드윈 부인과 여러 가지 이야기를 나누었다.

"올리버, 마실 것을 가져다 줄까?"

"괜찮아요. 목마르지 않은걸요. 전 아주머니를 보고 있으면, 한 번도 본 적은 없지만 우리 엄마 같다는 생각이 들어요."

"어머, 넌 정말 엄마가 안 계신 모양이로구나."

친절한 아주머니의 말에 올리버는 괜히 눈시울이 뜨거워졌다.

"내가 괜한 말을 했구나. 어쩌지……."

"엄마 모습은 한 번도 본 적이 없지만 굉장히 착하신 분일 거라는 생각이 들어요. 아마 얼굴도 예쁘고 상냥하기도 할 거예요."

"이 아줌마도 그렇게 생각한다. 너를 보면 아주 좋으신 분일 거라는 짐작을 할 수 있어."

베드윈 아주머니의 격려에 올리버는 어깨가 으쓱해졌다.

'나를 낳아 주신 엄마는 지금쯤 아주 좋은 곳에서 나를 지켜봐 주시고 있을 거야.'

따뜻한 방에서 생전에 먹어 보지 못한 훌륭한 음식을 실컷 먹으면서 올리버는 행복한 나날을 보냈다. 이제 올리버는 베드윈 아주머니와 함께 거실로 내려와 차를 마실 정도까지 몸이 나아졌다.

"아주머니, 저기 걸려 있는 저 그림 말이에요."

친절한 아주머니는 올리버가 가리키는 곳을 바라보았다.

"응, 여자 초상화 말이로구나."

"누구죠?"

올리버는 가끔 거실에 내려올 때면 한동안 그 그림을 바라보고는 눈을 떼지 못했다. 젊은 여자의 얼굴을 그린 초상화였다.

"글쎄, 왜 알고 싶니?"

"예, 제가 본 여자 중에서 가장 아름다운 모습이에요. 그리고 왠지 슬퍼 보이는 표정을 빼고는 낯이 익어요."

베드윈 아주머니는 올리버의 마음이 울적해져 있다는 것을 눈치채고는 얼른 자리에서 일어났다.

"안 되겠다. 이 그림은 네게 좋지 않은 것 같구나."

두 손을 뻗어 그림을 다른 곳으로 옮겨 놓으려는 순간, 브라운로 씨가 거실로 들어섰다.

"올리버! 정말 몸이 많이 회복되었구나. 이렇게 거실까지 내려와 차를 마시는 것을 보면 말이야."

브라운로 씨가 몹시 기쁜 얼굴로 올리버를 와락 끌어안았다.

"감사해요. 이 모든 게 할아버지와 베드윈 아주머니 덕이에요."

"베드윈 부인, 정말 수고했소. 그런데 지금 뭐 하는 거요?"

몸을 돌려 베드윈 부인이 무언가를 만지작거리는 것을 바라본 순간, 브라운로 씨의 얼굴은 하얗게 질려버렸다.

"네, 올리버가 이 그림에 너무 집착하는 것 같아서 당분간 딴 데로 옮기려는 중이었어요. 괜찮겠죠?"

"자, 잠깐만. 그대로 두시오!"

다시 한 번 무언가를 확인해 보려던 브라운로 씨는 그만 큰 소리를 치고 말았다.

"오, 이것 좀 봐!"

그 때였다. 올리버는 브라운로 씨가 지르는 고함 소리에 놀라 그만 정신을 잃고 말았다.

"도대체 무슨 일이죠? 브라운로 씨 때문에 이 아이가 또 기절하고 말았잖아요."

"베드윈 부인, 이 그림을 자세히 들여다보시오. 올리버와 너무 닮지 않았소? 얼굴에서 풍겨 나오는 표정까지 너무도 꼭 같은데……."

노신사는 흥분하여 그림과 올리버의 얼굴을 번갈아 보며 놀라워했다.

"글쎄, 비슷한 것 같기도 하고……. 잘 모르겠어요."

기절한 올리버에게 온통 마음이 쏠린 베드윈 부인은 대충 이렇게 대답하고는 서둘러 올리버를 안아서 방으로 옮겼다.

이튿날, 잠에서 깬 올리버는 침대 곁에 앉아 있는 아주머니께 물었다.

"어제 그 초상화는 어떻게 됐나요?"

"그 그림에 무척 관심이 많은 모양이로구나."

"아직 거실에 걸어 두었나요?"

"아니, 다른 곳으로 치워 버렸어. 올리버, 네가 병이 다 나은 후에 보았으면 하는데, 그렇게 하겠니?"

"……."

올리버는 왠지 마음이 끌리는 초상화를 다시 볼 수 없다는 생각이 들자 우울한 기분이 들었다.

"자, 재미난 이야기를 해 줄게."

아주머니는 올리버의 관심을 다른 곳으로 돌리기 위해 자신의 가족들에 관한 이야기를 해 주었다. 그리고 올리버에게 카드를 가지고 하는 놀이에 대해 설명해 주었다.

올리버는 며칠이 지나자 그림에 대한 이야기는 다시 꺼내지 않았다. 잊어버렸는지, 일부러였는지는 모를 일이었다.

'요즘 나는 너무 행복해.'

이런 생활은 자신과는 어울리지 않는다고 늘 생각해 왔으므로, 올리버는 이런 행운이 찾아온 것이 믿어지지 않았다.

하루는 바깥에서 돌아온 브라운로 씨가 올리버에게 선물 상자 하나를 들이밀었다.

"마음에 들지 모르겠다. 자, 어서 풀어보아라."

상자 속의 물건이 궁금한 올리버는 천천히 상자를 풀어 보았다. 그속에는 새 옷과 구두, 심지어 모자까지 모두 들어 있었다.

"아, 정말 저에게 이것을 주시는 건가요?"

"그래. 네가 건강이 회복된 것을 축하하는 뜻에서 마련한 거란다."

"세상에 태어나서 이런 옷을 선물받은 것은 처음이에요. 거리에서 만난 저를 이렇게 따뜻하게 대해 주시니 뭐라고 감사해야 할지……."

올리버의 눈에는 벌써 눈물이 글썽이고 있었다. 곁에 있던 베드윈 부

인도 앞치마를 들어 눈물을 닦았다. 그 동안 입고 다니던 낡은 옷은 보자기에 싸서 내다버렸다.

악의 손길

소매치기를 한 그 날, 찰리와 존은 서로 무슨 이야기를 주고받으며 페긴이 기다리는 허름한 이층집으로 돌아왔다.

"그 바보 같은 녀석이 우리 대신 붙잡혀 가서 다행이야."

"휴, 하마터면 우리가 경찰에게 붙들려 가서 일을 치를 뻔했어."

그들은 이렇게 말을 하고 있지만 마음 한 구석은 무거웠다.

'페긴 영감이 올리버가 없어진 줄 알면 가만히 놔 두지 않을 텐데.'

어두컴컴한 계단을 올라 방문 앞에 이르자 그들은 호들갑스럽게 페긴 노인에게 인사를 했다.

"다녀왔습니다. 와, 이게 무슨 냄새지? 뭘 만들고 계신 거죠?"

"오, 너희들이로구나. 그래 오늘은 좀 건진 거라도 있냐?"

"그럼요. 여기……."

찰리는 노신사의 옷에서 훔친 지갑을 보란 듯이 내밀었다.

"흠, 수고했다. 그런데……."

그제야 페긴 영감은 올리버의 모습이 보이지 않는 것을 알아챘다.

"올리버는 어디 있지?"

"그게 좀……."

영감의 눈빛은 찰리와 존을 금방이라도 잡아먹을 것처럼 번득였다.

"어서 말하지 못하겠어!"

무서운 호통 소리에 놀란 두 소년은 슬금슬금 뒷걸음질을 쳤다. 페긴 영감은 그들이 도망가려는 줄로 착각하고는 더욱더 화를 내며 날쌘돌이의 멱살을 쥐었다.

"너, 이 녀석! 어디로 달아나려는 거야. 도대체 올리버는 어디다 두고 너희들만 온 거냐!"

"말, 말할게요. 제발 목 좀 조르지 마세요. 사실은 우리가 지갑을 훔친 뒤 뒤늦게 물건의 주인이 이를 눈치채고 올리버를 뒤쫓았어요. 그 통에 우리는 무사히 빠져 나올 수 있었지만 올리버는 사람들에게 잡히고 말았어요."

이야기를 들은 페긴 영감은 끓어오르는 분노를 누르지 못하고 존의 옷깃을 더욱더 조이기 시작했다.

"아, 숨 막혀. 제발 좀 놔 줘요."

제정신이 돌아온 페긴 영감이 잠시 머뭇거리는 동안 날쌘돌이 존은 잽싸게 자리에서 일어섰다.

"이 녀석!"

순간 몸을 돌려 다시 존을 잡으려는 페긴 영감을 향해 존은 탁자 위에 있던 포크를 집어들었다. 그리고는 분노에 찬 얼굴로 페긴 영감의 배를 향해 찔렀다.

"앗!"

하지만 페긴 영감 역시 만만치 않았다. 도저히 노인의 몸이라고는 할 수 없을 정도의 빠른 몸놀림으로 존의 공격을 벗어났다.

이제 더 이상 참을 수 없었던지 페긴 영감도 탁자에서 손에 잡히는 대로 무언가를 집어들었다.

"안 돼!"

곁에서 바들바들 떨며 이들을 지켜보고 있던 찰리가 순간 큰 소리를 질렀다. 하지만 벌써 페긴 영감의 손에 있던 물건은 존을 향해 날아간 뒤였다.

"쨍그랑!"

요란한 소리와 함께 바닥에 내동댕이쳐진 것은 맥주병이었다. 그 순간 문을 열고 들어오는 낯선 사나이가 있었다.

"왜 이리 소란들이야!"

쩌렁쩌렁한 목소리 주인공의 옷은 이미 맥주병에서 튀어나온 술로 인해 군데군데 젖어 있었다.

그 사나이의 얼굴은 좋은 인상이 아니었다. 인정이라곤 손톱만큼도 없어 보였으며 그 어떤 잔인함마저 느껴졌다. 방문 안으로 썩 들어선 그는 문밖에 대고 다시 큰 소리를 질렀다.

"뭐하고 있는 거야!"

그러자 어슬렁거리며 개 한 마리가 들어왔다. 낯선 사나이는 조금 전 맥주를 뒤집어쓴 분풀이를 개에게 하려는 듯 발로 힘차게 걷어찼다.

"저기 구석에 가 얌전히 앉아 있어."

주인의 성질을 이미 알고 있는 듯 찍 소리 한 번 내지 않고 개는 구석에 자리를 잡고 앉았다.

낯선 사나이는 의자로 가 아무렇게나 턱 걸쳐앉더니, 서 있는 페긴 영감을 향해 한 마디 쏘아붙였다.

"무슨 일로 그렇게 싸우고 난리들이야. 페긴, 뭘 믿고 그렇게 애들은 잡고 그래. 당신도 벌써 늙은 몸이라고. 그렇게 함부로 아이들을 다루다가는 얼마 못 가 큰일날걸."

"사이크스, 입 닥치지 못해! 네가 뭘 안다고 내게 충고를 하는 거야? 네 앞가림이나 잘하라고."

페긴 영감은 이렇게 사이크스의 입을 막아 버렸으나, 금방 후회했다.

'오랜만에 찾아온 사람한테 내가 너무 했나?'

그는 재빨리 찰리를 시켜 최고급 술을 가져오라고 했다. 술잔에 술을 한 잔 따라 사이크스에게 건네주며 페긴 영감은 안부를 물었다.

"요즘 통 보이질 않던데, 뭘 하고 지냈나?"

"늘 같지 뭐. 예전에 얻어맞은 것 때문에 집에 틀어박혀 지냈어."

"그랬군. 휴……."

함께 술을 마시던 페긴 영감은 다시 올리버의 일이 걱정되어 자신도 모르게 한숨을 내쉬었다.

"무슨 걱정거리라도 있는 것 같은데, 말해 봐요. 혹시 내가 도움이 될지도 모르니까."

"사실은 이 곳에 온 지 얼마 안 된 올리버라는 꼬마를 저 애들과 함께 실습을 내보냈는데, 그만 오늘 경찰에 붙들려 갔다는군."

"저런! 그런 일이 있었군. 그거 참 큰일이군. 그 꼬마 녀석이 경찰에 대고 우리들 이야기를 다 말해 버릴 텐데. 그 놈 때문에 우리가 위험에 빠지겠군."

조금 전과는 달리 사이크스는 페긴 영감과 마찬가지로 이번 일을 매우 심각하게 받아들였다.

"우선 경찰서에 사람을 보내 일이 어떻게 되었는지 알아봐야겠어."

"그건 하나마나한 이야기일세."

"무슨 소린가?"

페긴 영감은 사이크스의 의견은 소용없다고 단번에 거절해 버렸다.

"아니, 우리들 중에 누가 경찰서 앞을 정탐하러 가겠어? 그 근처라도 얼씬거리는 것조차 무서워할걸."

"하긴, 나도 거기는 가기 싫어. 흠, 그럼 이 일을 어쩐담?"

그 때 존이 조금 전의 일로 겸연쩍은 듯 머리를 긁적이며 낮은 목소리로 중얼거렸다.

"여자들을 보내는 게 좋을 거예요. 이를테면 베티나 낸시같은……."

"그래, 그거 좋은 생각이다. 말 나온 김에 가서 여자들을 불러와."

"옛!"

날쌘돌이는 바람처럼 휭 하니 방을 나가 버렸다. 잠시 시간이 흐른 뒤, 두 여자는 존과 함께 왔다.

"갑자기 무슨 일로 우리를 부르신 거죠?"

"우선 자리에 앉도록 해."

사이크스는 베티와 낸시가 의자에 걸터앉자 대강 오늘 있었던 일을 들려 주었다. 그리고는 베티를 향해 먼저 일을 맡겼다.

"어려운 일이 아니니까 베티가 가서 동정을 살피도록 해."

"어머, 전 안 돼요."

그 곳에 모인 사람들의 눈길이 자신에게 향하고 있다는 것을 눈치 챈 베티는 고개를 설레설레 흔들었다.

"왜, 안 된다는 거지?"

사이크스는 베티가 단박에 거절하자 기분 나쁜 표정으로 되물었다.

"잘 아시잖아요. 일전에 내가 맡은 일이 꼬여서 경찰서를 들락거렸던 일 말이에요."

"그랬던가?"

그러자 베티 곁에 있는 낸시의 차례가 되었다.

"낸시, 그럼 네가 이 일을 맡아 줘야겠어. 할 수 있겠지?"

"글쎄……."

하지만 낸시 역시 경찰서에 가는 것은 왠지 꺼림칙했다. 사이크스는 두 여자들 모두 서로 일을 미루는 것을 보고 언짢아했다.

"명령이야! 낸시, 네가 경찰서의 동정을 살피는 일을 하도록 해. 경찰들은 너를 잘 모르니까 이번 일로는 적격이야."

썩 내키지 않은 일이었지만 낸시 역시 또다시 거절할 수 없다는 것을 깨닫고는 이내 고개를 끄덕였다.

"좋아, 그럼 우선 옷부터 바꾸어 입고 화장도 지우도록 해. 그리고는 올리버의 누나인 것처럼 행동하도록 해."

곧 집 안에 있던 앞치마와 단정한 옷으로 갈아입은 낸시는 한 손에는 대바구니까지 들고 나타났다.

"와, 정말 다른 사람 같아. 저렇게 꾸미니 낸시도 어엿한 숙녀 같아."

소년들이 낸시의 곁으로 몰려들며 감탄의 말을 하자 낸시는 어깨가 으쓱했다.

"오, 내 귀여운 동생이 어디로 갔을까? 경찰 아저씨, 혹시 내 동생을 본 적이 있나요? 집에서는 엄마가 몸져누워 동생이 돌아오기만을 손꼽아 기다리고 있답니다."

"와하하하!"

마치 동생을 찾으러 나서는 누나의 애타는 심정을 감쪽같이 연기하고 있는 낸시를 보고 사람들은 한바탕 웃음을 터뜨렸다.

"잘한다! 정말 배우 같아."

"그래, 거기다가 눈물까지 흘려 준다면 아무리 경찰이라도 감쪽같이 속아넘어갈 거야."

이윽고 챙이 넓은 모자까지 머리에 눌러 쓴 낸시는 사람들의 격려를 받으며 집을 나섰다.

'긴장하지 말고 조금 전처럼 하면 되는 거야.'

올리버가 갇혀 있는 경찰서를 향해 부지런히 걸음을 옮기면서 낸시는 다짐을 했다. 경찰서에 이르러 한바탕 연극을 한 그녀는 경찰로부터 그간의 사정 이야기를 자세하게 들을 수 있었다.

"그럼, 내 동생은 지금 어디에 있는 걸까요?"

"지갑을 잊어버린 그 노신사가 자신의 집으로 데려갔어."

"아, 그랬군요. 혹시 그분의 집을 알고 있나요?"

"아마 팬텐빌 근처라고 하는 것 같은데."

낸시는 이 정도만 알아 낸 것도 큰 수확이라고 생각하면서, 경찰에게 깍듯이 인사를 하고는 그 곳을 나왔다.

그길로 다시 페긴과 사이크스가 기다리는 집으로 돌아온 낸시는 자신이 들은 이야기를 자세하게 보고했다.

"일이 그렇게 된 거로군. 그럼 이제 남은 일은 올리버가 있는 곳만 알아 내면 되겠군. 경찰이 알려 준 근처를 아이들을 풀어서 찾아보도록 해야겠다."

"페긴, 그 전에 할 일이 있어."

"무슨 일이 또 남았단 말인가?"

치밀한 성격의 사이크스는 한 가지 제안을 했다.

"먼저 이 집을 비우도록 하는 것이 좋겠어. 만약 무슨 일이 생길지도 모르니까 말이야."

"그렇군. 그럼 당분간 각자 떨어져 있기로 하자. 올리버가 있는 곳을 살피면서 일이 성사된 뒤에 다시 만나기로 하는 게 좋겠군."

그들은 다음에 다시 만날 것을 약속하고 그날 밤을 보냈다.

한편, 브라운로 씨 댁에서 행복한 나날을 보내고 있는 올리버는 마냥 즐거웠다.

"올리버! 이층으로 올라가 보아라."

정원을 산책하고 있던 올리버를 향해 베드윈 부인이 소리쳤다. 곧 브라운로 씨의 서재가 있는 이층으로 올라간 올리버는 문을 두드렸다.

"들어오렴!"

"할아버지, 저를 찾으셨나요? 와, 정말 책이 많군요. 굉장한데요."

"네가 원한다면 여기에 있는 책들 중 마음에 드는 것을 골라 읽도록 해라. 단, 책을 함부로 다루지만 않는다면 말이다."

"정말이에요? 전 아직 많은 책을 읽어 보지는 못했지만, 책 읽는 것을 좋아해요. 정말 많은 책을 읽고 싶었어요."

브라운로 씨는 하던 이야기를 멈추고 심각한 표정을 지었다.

"올리버, 내가 너를 부른 것은 다름이 아니라……."

어린 올리버는 드디어 올 것이 왔구나 하고 생각했다. 이제 자신의 몸도 거의 회복이 되었으니, 이 곳에 더 이상 있을 필요가 없다는 것을 잘 알고 있었다.

'아, 난 다시 도둑놈의 소굴이나 구빈원으로 돌아가고 싶지 않아. 혹시 내가 매달리며 사정을 하면, 할아버지께서는 내가 이 곳에서 일을 거들며 있게 해 주실지도 몰라.'

자신이 누리고 있는 행복을 빼앗기지 않기 위해 올리버는 브라운로 씨에게 애원했다.

"할아버지, 전 이 곳을 떠나고 싶지 않아요. 제가 할 수 있는 일을 맡겨 주신다면 무엇이든지 할게요. 제발 나가라는 말만은 말아 주세요."

브라운로 씨는 올리버의 울음 섞인 애원에 깜짝 놀라며 올리버를 안아 일으켰다.

"무슨 소리니? 네게 물어 보려던 것은 그런 것이 아니야. 네가 이 곳에 있겠다면 그렇게 하도록 해라. 하지만 그전에 한 가지는 분명히 약속해 둘 게 있다."

"어떤 약속이라도 할 수 있어요."

"절대 나쁜 짓은 하지 않았으면 한다. 난 예전에 내가 믿던 사람에게 배신당한 나쁜 기억을 가지고 있단다. 약속해 줄 수 있지, 올리버?"

올리버는 그런 일은 절대 하지 않겠다고 약속을 드렸다.

"이리 와 여기 앉아라. 올리버, 네가 그 동안 지내온 이야기를 내게 자세히 들려 줄 수 있겠니?"

이제야 마음이 가라앉은 올리버가 천천히 자신이 살아온 이야기를 시작했다. 그 순간 하녀가 들어와 손님이 왔다고 전했다.

"그림위그가 온 모양이군. 들어오시라고 해."

잠시 후, 성격이 매우 활달해 보이는 노신사가 한쪽 다리를 절며 방 안으로 들어서고 있었다.

"오랜만일세. 그 동안 잘 있었나?"

"어서 오게. 오느라 힘들었을 텐데 이리로 좀 앉게."

"브라운로, 이것 좀 보게."

그림위그가 내민 것은 귤껍질이었다.

"아니, 그건 또 뭔가?"

"자네 집 계단에서 주웠다네. 하인들에게 단단히 주의를 주도록 하게. 내 다리가 이렇게 된 것도 몹쓸 놈의 과일 껍질 때문인 것을 자네도 잘 알고 있질 않나."

"허허, 앞으로 주의하겠네. 참, 올리버. 저분께 인사를 드려라."

잠시 브라운로 씨 곁에 서 있던 올리버가 공손히 머리를 숙였다.

"안녕하세요? 올리버라고 합니다."

"아, 자네가 말하던 그 소년이로군. 그럼 이 귤껍질은 저 아이가 장난을 칠 속셈으로 놓아 둔 게로군."

브라운로 씨는 상대방의 기분을 생각하지 않고 말을 해대는 그림위그가 혹시라도 올리버의 기분을 상하게 할까 봐 올리버를 내보냈다.

"올리버, 너는 그만 베드윈 아주머니에게 가 보거라."

두 사람만 남게 되자 그림위그는 단숨에 브라운로 씨를 몰아세웠다.

"자네 어쩌려고 저런 아이를 집에 두려는 건가?"

"그게 무슨 소린가? 저런 아이라니……."

"몰라서 묻는 겐가? 저 아이가 자네 물건을 훔치지는 않았지만 결국 소매치기와 한패였을 게 틀림없어. 아마 내 짐작대로라면 지금도 이 집안에서 무언가 값나가는 물건을 챙겨 두고 있을지도 몰라. 내 말이 틀렸다면 내 머리를 먹어 버리겠어."

오랜 단짝 친구 그림위그는 '머리를 먹겠어'라는 말을 입버릇처럼 하는 경우가 많았다.

"아무리 친구 사이라지만 그런 말을 함부로 하는 게 아니네. 저 아이는 그런 나쁜 애들과 달라. 아마도 살아온 환경 때문에 잠시 실수를 한 것일 거야. 자네 마음을 비우고 저 아이의 맑은 눈을 보게. 얼마나 깨끗하고 순수해 보이는가."

"자네 무언가에 단단히 홀려 있군."

브라운로 씨는 친구의 거침없는 성격을 알고 있는 터라 그만 입을 다물고 말았다. 곧 베드윈 부인이 차를 들고 나타났다.

"고맙소. 참, 혹시 내게 물건이 배달온 것은 없소?"

"참, 바로 전한다는 것이 친구분이 오셔서 그만 잊어버렸네요. 조금 전 서점에서 배달하는 아이가 주문하신 책을 들고 왔습니다."

"아 차, 그 아이에게 책값을 주어 보내야 하는데."

그러자 그림위그가 대수롭지 않게 말했다.

"뭘 그런 걸 가지고 그렇게 아쉬워하나? 하인을 시켜 다음 번에 갖다 주면 되지 않나."

"아닐세. 내가 신세를 진 일도 있고, 요즘 그 책방의 형편이 그리 넉넉한 편이 아니라서 현금을 바로 보냈어야 하는데……."

인자한 브라운로 씨가 마음이 편치 않은 것을 보고 옆에 있던 베드윈 부인이 한 마디 거들었다.

"그럼, 올리버에게 책값을 갖다 주라고 하면 어떨까요?"

"아, 그게 좋겠군. 그 동안 몸이 아파 문밖에 나가질 못했으니 몹시 갑갑할 거야. 이참에 외출도 할 겸 서점에 다녀오라고 해야겠어."

브라운로 씨가 이 일을 올리버에게 맡기기로 마음먹은 것에는 또 다른 이유가 있었다.

'저 친구가 저렇게 내 말을 믿지 못하고 있으니, 올리버의 정직성을 직접 보여줘야지.'

곧 이층으로 올라온 올리버에게 브라운로 씨는 심부름을 시켰다.

"자, 여기 5파운드를 줄 테니 책값으로 4파운드만 서점에 가져다 주고 나머지는 거슬러 오너라. 여기 이 책들은 전에 빌려온 것이니까 잘 돌려 주고 오너라."

"알겠습니다. 금방 다녀오겠습니다."

돈과 책을 받아든 올리버는 인사를 하고는 급히 밖으로 나갔다.

"이제 조금만 있으면 자네도 저 아이를 믿게 될 거야."

"두고 봐. 저 애는 다시 이 곳으로 돌아오지 않을걸. 기다리지 않는 편이 자네를 위해서도 좋을 거야. 좋은 옷과 돈을 가지고 어디론가 사라져 버릴 테니까."

두 사람은 심부름을 간 올리버가 과연 돌아올 것인지 궁금해하며 꼼짝하지 않고 자리를 지켰다.

집 밖으로 나온 올리버는 두 팔을 힘차게 흔들며 자신의 운명을 바꾸어 준 책방을 향해 힘차게 걷고 있었다.

'아, 공기가 참 상쾌하구나. 전과는 다른 세상 같아. 저기 보이는 나무도, 꽃들도 행복해 보여.'

하지만 운명의 검은 그림자는 그를 향해 점점 다가오고 있었다. 올리버가 막 골목 모퉁이를 돌아서려는 찰나였다.

"아니, 이게 누구야?"

갑자기 낯선 여자의 목소리가 뒤에서 들렸다. 그 순간 그 여자는 올리버를 와락 끌어당겼다.

"도대체 어디 갔다가 이제야 나타난 거니?"

"누, 누구세요? 도대체 왜 이러는 거예요?"

갑작스런 일에 올리버는 당황하며 몸을 비틀었다. 하지만 그럴수록 여자의 팔은 올리버의 목을 더욱 조였다.

"사람 살려!"

올리버가 큰 소리를 지르자 길 가던 사람 몇몇이 모여들었다.

"아니, 왜 꼬마를 못살게 구는 거요?"

"어머, 이 아이는 제 동생이랍니다. 글쎄, 요 맹랑한 것이 집을 나가 서는 이렇게 거리를 방황하다가 오늘 제게 붙들린 거랍니다."

"쯧쯧쯧, 몹쓸 녀석이로군. 어서 누나를 따라 집으로 가거라."

길 가던 사람들도 낯선 여자의 편을 들어 주자 올리버는 기가 막혔다.

"아니에요. 난 이 여자를 몰라요."

좋지 않은 낌새를 눈치챈 올리버가 여자의 손을 비틀었다.

"아얏!"

여자가 놀라서 비명을 지르자 올리버는 그제야 몸을 돌려 여자의 모습을 볼 수 있었다.

"아니, 낸시 누나 아냐?"

"어서 집으로 돌아가자."

"싫어. 왜 나를 그 곳으로 데려가려는 거야? 봐, 난 이렇게 잘살고 있단 말이야. 낸시, 부탁이야. 부디 날 못 본 걸로 해 줘."

올리버는 두 손을 모아 낸시에게 애원했다. 그 순간 낸시의 눈빛이 잠시 흔들렸다.

'아, 내가 지금 무슨 짓을 하고 있는 거야? 악의 소굴로 저 아이를 데려가서 어쩌자는 걸까?'

낸시의 흔들리는 마음을 다잡아 주기라도 하듯 한 사나이가 큰 개를 한 마리 끌고 나타났다. 그는 낸시와 한패인 사이크스였다.

"이 녀석, 어서 누나를 따라 집으로 가지 못하겠어. 당장 가지 않으면 저 개를 시켜 네 엉덩이를 물게 할 테다."

사이크스 곁에 서 있던 개는 이에 대답이라도 하듯이 사나운 이빨을 드러내 놓고 으르렁거렸다. 이제 길 가던 사람들도 올리버에게 아무런 관심을 두지 않았다. 결국 올리버는 사이크스의 억센 손에 이끌려 런던의 뒷골목으로 끌려갔다.

아무런 저항도 할 수 없는 올리버는 모든 것을 체념한 채, 오직 브라운로 씨가 준 책만을 가슴에 꼭 껴안고 있었다.

이미 날이 어두워진 그 곳은 짙은 안개와 함께 사방을 구분할 수 없을 정도였다.

불안한 나날

꼬불꼬불한 골목길을 돌아 그들이 당도한 곳은 새로 옮긴 셋집이었다. 그들은 주변을 이리저리 둘러보다가 신호를 보냈다.

그러자 한 소년이 나타나 조심스럽게 문을 열어 주었다. 낸시와 사이크스는 올리버의 손을 거칠게 잡아당기며 서둘러 집 안으로 들어갔다.

좋지 않은 냄새가 집 안 곳곳에 배어 있을 정도로 오래된 집이었다. 방 안에 들어서자, 몇몇 사람이 한 곳에 모여 있는 것이 보였다.

"와, 드디어 돌아왔군."

"올리버, 그 동안 편히 잘 지낸 것 같은데. 얼굴도 보기 좋을 만큼 살이 찌고 말이야."

낯 익은 사람들이 말을 건네자, 올리버는 순간 뒤로 흠칫 물러섰다.

"호, 이제 우리 같은 사람들과는 상대하기 싫다는 건가?"

"이것 좀 봐. 가까이에서 보니 부잣집 도련님 같네."

페긴과 날쌘돌이 존, 찰리 베이츠가 빈정거리며 올리버에게 다가왔다. 아니나다를까, 페긴 영감이 올리버의 옷을 뒤지기 시작했다.

"옷만 그럴싸하게 차려 입은 것이 아니라 돈도 두둑이 갖고 있군. 어, 게다가 값나가는 책까지 옆에 끼고 말이야."

페긴 영감은 올리버에게서 빼앗은 돈을 재빨리 제 주머니에 밀어 넣었다. 조금 떨어진 곳에 있던 사이크스가 이 모습을 발견하고는 고함을 질렀다.

"엉큼한 늙은이 같으니라고. 얼른 돈을 이리 내놓지 못하겠어!"

"뭘 가져갔다고 이러는 거야?"

페긴 영감은 능청스럽게 대답했다.

"다 봤어. 올리버가 가지고 있던 돈은 내 것이야. 이 곳까지 저 녀석을 붙잡아오느라고 얼마나 힘들었는지 알아!"

불 같은 성격의 사이크스가 자리에서 두 주먹을 불끈 쥐고 페긴 영감을 향해 걸어왔다.

"헤헤, 누가 나 혼자 이 돈을 다 가진다고 했어? 반반씩 똑같이 나누자고 말하려고 했지."

"어서 그 돈을 몽땅 내놓지 않으면 정말 가만두지 않을 거야."

결국 페긴 영감은 올리버에게서 빼앗은 돈을 모두 사이크스에게 넘겨주고 말았다. 돈을 건네받은 사이크스는 미안한 마음이 들었던지 페긴 영감에게 한 마디 던졌다.

"그 대신 저 값나가는 책들은 몽땅 가져도 좋아."

"쳇, 고마워서 눈물이 날 지경이군."

페긴 영감은 투덜대며 책을 서랍 속에 넣어 두었다. 넋이 나간 듯 멍하니 이를 지켜보고 있던 올리버는 그제야 울부짖었다.

"그 돈과 책은 제 것이 아니에요. 저를 도와주신 친절한 할아버지의 물건입니다. 그분은 저를 믿고 서점에 돈을 가져다 주라고 심부름을 시킨 거예요. 아마 아직도 그분은 꼼짝하지 않고 제가 돌아오기만을 기다리고 있을 게 틀림없어요. 제발 그 책과 돈만은 돌려주세요. 제가 여기에 있는 것을 원한다면 그렇게 할 테니, 그분의 물건만은 훔치치 마세요!"

"이 꼬마 녀석이 그 동안 목사님이 다 되셨군."

사이크스는 올리버의 하소연을 외면하며 비꼬았다.

"올리버, 오히려 잘된 일인지도 모르겠다. 어차피 너는 이 곳을 영원히 빠져 나갈 수 없을 테니, 그 영감이 너를 도둑놈으로 생각해 버리는 게 낫다."

"그래, 올리버 이제 그만 잊어버려."

페긴 영감과 찰리는 이렇게 꼬드겼다.

'치, 저 꼬마 녀석이 도대체 뭐라고 저렇게 위로를 하는 거야. 꼴사나워 못 보겠네.'

사이크스는 못마땅해하며 올리버를 한 번 혼내 주어야겠다고 마음먹었다. 그는 곧 늘 데리고 다니는 큰 개에게 눈을 찡긋해 보였다.

'물어! 저 녀석을 혼내 주어라.'

신호가 떨어지자마자 큰 개는 올리버를 향해 냅다 달려갔다. 순간적으로 올리버는 크게 비명을 질러댔다.

"윽! 저리 가."

올리버는 개를 피해 잽싸게 문 쪽을 향해 달렸다. 그러자 사람들이 웅성거리며 다시 방 안이 어수선해졌다.

"이러지들 말아요!"

그들 중에 올리버의 앞을 가로막으며 나선 사람은 바로 낸시였다.

"사이크스, 당신은 우선 저 멍청한 개를 붙들도록 하세요!"

"낸시, 너는 도대체 누구 편이냐?"

사이크스는 낸시의 생각지도 못한 행동에 잠시 어리둥절했다.

"여기 있는 사람은 모두 한 배를 탄 사람들이에요. 누구 편이 따로 있겠어요? 이 아이가 한 말이 틀린 것도 아니잖아요?"

"지금 무슨 소리를 지껄이고 있는 거야! 혹시 이 꼬마 녀석에게 위대한 자비를 베풀려는 건 아니겠지?"

"아니오. 하지만 이 아이를 내가 붙잡아오지 않았더라면 앞으로 훌륭하게 자랄 수 있었지 않을까 하는 죄책감이 드는 건 사실이에요."

그녀의 말대로 모두들 조금 전부터 올리버에게 미안한 마음을 가졌던 것은 사실이었다. 그러자 상황이 묘하게 돌아가는 것을 지켜보고 있던 페긴 영감이 낸시 몰래 살금살금 뒤로 돌아섰다. 그리고 몽둥이 하나를 뒤에 감추고 올리버를 사정없이 내리쳤다.

"윽!"

낸시 뒤에 서 있던 올리버는 한쪽 다리를 구부리며 어깨를 만졌다.

"아니, 이 가여운 아이에게 매질까지 하다니, 정말 당신들은 사람도 아니야! 사실 이 아이는 이런 곳에 있기에는 너무 아까워. 우리 같은 소매치기 패들과는 다른 아이란 말이야."

"이제 그만 해. 언제까지 그 멍청이를 두둔하고 있을 작정이야?"

사이크스는 낸시의 행동이 수그러들지 않자 짜증을 냈다.

"더 이상 이 아이에게 손찌검하지 말아요. 만약 그렇다면 나도 당신들을 가만두지 않을 테니까."

"오호, 낸시가 완전히 딴사람이 되었는걸. 훌륭한 숙녀가 되었어."

"그래요. 당신들 손에 걸려들지만 않았더라면 나도 평범한 아가씨가 되어 있었겠지요. 하지만 당신들이 내 인생에 끼어드는 순간부터 모든 것이 엉망이 되어 버렸어. 저 아이를 보고 있으니 예전의 내 모습이 떠올랐어. 이렇게 하루하루를 위험하게 살아가는 것을 힘들어하면서 순진한 올리버를 이 악의 구렁텅이에 떠밀어 놓았으니, 나도 죽어서 분명 지옥에 떨어지고 말 거야."

낸시는 비통함에 젖어 쉴새없이 지껄였다. 그러다가 페긴 영감과 사이크스를 향해 마구 욕을 해댔다.

"도저히 가만 듣고 있을 수가 없군. 우리를 완전히 괴물 취급을 하고 있잖아!"

페긴 영감이 낸시를 매질해 혼내 주려고 할 때였다. 이를 눈치챈 낸시가 손톱을 세워 페긴의 얼굴을 긁어 버렸다.

"아얏!"

페긴의 얼굴에는 손톱 자국이 선명하게 남았다. 곧 낸시는 페긴에게 붙잡혀 벽에 내동댕이쳐졌다.

"꼴 좋다. 그러기에 입조심을 하라니까."

옆에서 지켜보던 사이크스조차 그것 보라는 듯이 맞장구를 쳤다. 존과 찰리는 아무런 반응이 없었다. 그 전에도 서로간에 주먹이 오가는 것을 수도 없이 보아온 터라 이상하고 놀랄 일이 아니었다.

페긴에게 어깨를 얻어맞은 올리버만이 두 눈이 동그래지며 어쩔 줄을 몰랐다. 그는 벽에 부딪혀 정신을 차리지 못하고 있는 낸시의 어깨를 흔들었다.

"일어나요! 정신 좀 차려요."

"음음, 괜찮아. 미안하지만 물 좀 가져다 줄래?"

약간의 물을 마신 낸시는 잠시 후에 정신을 차렸다. 한바탕 소란이 있은 뒤, 그들은 각자의 잠자리로 가 잠을 잤다.

"올리버, 그 도련님 옷은 모두 벗어 여기에 넣어 둬야겠어. 새 생활에 잘 적응하려면 이전의 꿈 같던 생활은 빨리 잊을수록 좋아."

전에 입던 허름한 옷으로 갈아입은 올리버는 이번 일이 꿈이었으면 하는 바람을 가지고 이불을 머리끝까지 뒤집어썼다.

다음 날 날이 밝자, 올리버는 간밤의 충격으로 인해 늦은 시간까지 뒤척이다가 새벽녘이 되어서야 잠이 들었기 때문에 늦잠을 잤다.

'아, 여기가 어디지?'

금방 눈을 뜬 올리버는 딱딱한 침대에 누워 주변을 두리번거렸다. 어젯밤 일이 꿈이었으면 하는 바람은 물거품처럼 사라지고 말았다.

"드디어 일어나셨군. 마법이 풀린 것을 무척 서운해하는 눈치로군."

모두 각자의 일을 찾아 나섰는지 사방이 조용했다.

"올리버, 네 운명은 이미 이 곳을 찾았을 때부터 결정되어 있었다. 그당시 너는 심한 굶주림과 잘 곳이 마땅치 않아 어려움에 처해 있었지 않니. 그 때 너를 구해 준 사람이 누구였는지 생각해 봐라."

유대 인 영감 페긴은 올리버의 눈치를 살피며 설득하기 시작했다. 올리버는 아무 생각 없이 멍하니 듣고만 있었다.

"이건 겁을 주려는 말은 아니지만 네가 없는 동안 우리와 함께 생활하던 소년 한 명이 이 곳을 도망쳐 나간 일이 있었단다. 그 꼬마가 어떻게 되었는지 아니?"

"글쎄요."

"그 아이는 다시 붙들리지 않기 위해 우리의 일을 경찰에 고해 바치려고 했어. 그래서 그전에 우리가 그 아이를 없애버렸지."

올리버는, 배신한 소년의 죽음을 아무렇지도 않게 이야기하는 페긴의 얼굴을 보니 온몸에 소름이 돋았다.

"넌 영리한 아이니까 내 말이 무슨 뜻인지 잘 알아들었을 게다. 너만 마음을 고쳐 먹으면 이 곳에서 지내는 것도 그리 나쁘진 않다는 걸 깨달을 거야."

올리버는 그 집에 온 뒤로 얼마 동안 꼼짝없이 갇혀 지내게 되었다. 처음에는 브라운로 씨와 베드윈 아주머니의 얼굴을 떠올리며 눈물을 흘리던 올리버도 점점 시간이 흐를수록 그들의 얼굴마저 희미해져 갔다.

'아, 아무런 일도 하지 않고 이렇게 갇혀 지내고 있으니 미쳐 버릴 것만 같아. 아무하고라도 좋으니 이야기를 나누어 봤으면 좋겠어.'

처음 이 곳으로 끌려오던 날 보았던 존과 찰리도 찾아오지 않자, 올리버는 갑갑해 견딜 수가 없었다.

그렇게 다시 며칠이 흘러 올리버가 난동을 부리지 않게 되자, 페긴 영감은 몇몇 소년들을 그 곳에 드나들게 했다. 찰리와 존을 만난 올리버는 무척 반가웠다.

"어서 와. 그 동안 나 혼자 얼마나 심심했는지 몰라."

"앞으로 우리와 함께 지내기로 작정했니?"

"아니. 할 수만 있다면 당장 브라운로 씨 댁으로 달려가고 싶어."

"브라운로 씨라니?"

"너희들도 알 거야. 책방 앞에서 너희들이 그 할아버지의 지갑을 훔쳤잖아."

두 소년은 올리버만 놔 둔 채 도망친 것이 부끄러워 머리를 긁적였다.

"그 때는 정말 미안했어."

"아냐, 다 지난 일인걸. 그런데 너희들은 앞으로도 남의 물건을 훔치는 일을 계속할 거니?"

"올리버, 넌 아직도 모르겠니? 이 곳을 빠져 나간다는 것이 얼마나 어려운 일인가를 말이야. 게다가 당장 이 곳을 벗어난다고 해도 마땅히 할 일도 없어."

날쌘돌이 존은 올리버를 한심한 눈으로 바라보았다.

"뭐 재미난 이야기라도 하고 있니?"

그들 뒤에서 웬 소년 하나가 소리를 질렀다. 찰리가 먼저 뒤돌아보며 아는체를 했다.

"어, 톰 아니야?"

그제야 존도 얼굴 가득히 미소를 띠며 낯선 소년에게로 다가갔다.

"그 동안 어떻게 지냈니?"

"완전 지옥이었지 뭐. 너도 한 번 갔다올래?"

존은 손을 허공에 내저으며 정색을 했다. 올리버 옆에 있던 찰리가 귓속말로 올리버에게 속삭였다.

"궁금하지? 넌 아마 저 애를 처음 볼 거야. 그 동안 감옥에 있다가 지금 나오는 길이야."

"뭐?"

올리버는 소스라치게 놀라며 찰리의 얼굴을 쳐다보았다.

"쉿! 조용히 해. 우리들이 톰의 이야기를 속닥거리면 별로 좋아하지 않을 거야."

"무슨 일로 감옥에 간 거지?"

"치, 우리들이 맨날 하는 일을 하다가 재수없게 걸린 거지 뭐. 너는 그 때 운 좋았던 거야."

찰리의 소곤대는 이야기를 듣고 올리버는 가슴이 떨려왔다.

'나도 이 곳에 있으면서 저들이 시키는 대로 도둑질을 하다가 언젠가는 저 애처럼 감옥을 가게 될 거야. 그러다가 다시 이 일을 하게 될 거고, 다시 감옥에 갇히게 되는 일을 반복하겠지. 아, 이 곳을 벗어나고 싶어.'

감시를 당하며 이 곳에서 지내야 하는 자신의 처지가 한없이 처량해지자 올리버는 한숨이 저절로 나왔다.

"휴!"

"자식, 웬 한숨이냐? 야, 페긴 영감이 돌아올 시간이 다 됐다."

잠시 볼일을 보러 밖에 나갔던 페긴 영감이 집 안으로 들어왔다.

"자, 이제 수다는 그만 떨고 얼른 일들을 나갔다 오너라. 오, 톰이 왔구나. 저녁식사 시간에 좋은 술을 한 잔 하며 환영회를 열어 주마."

톰이란 아이는 찰리, 존과 함께 어울려 밖으로 나갔다. 결국 올리버는 무료함을 참지 못하고 그 소년들과 어울려 재미난 놀이를 하며 시간을 보냈다. 이제는 그 놀이가 어떤 것인가를 확실히 알고 있었지만, 자신의 힘으로는 어쩔 수 없었다.

그러던 어느 날, 페긴 영감은 무언가 새로운 일을 계획하기 위해 사이크스의 집을 방문하기로 했다.

"어쩐 일인가, 페긴 영감?"

"좋은 일거리를 알려 주려고 왔네. 어, 낸시도 있었군. 잘 있었나?"

간단히 인사하고 자리를 잡은 페긴은 잠시 숨을 돌렸다. 사이크스는 그 동안 하는 일 없이 지냈기 때문에 괜찮은 일거리가 생겼다는 말에 귀를 기울였다.

"뜸들이지 말고 어서 말해 보게."

"참 성미도 급하군. 낸시, 마실 것 좀 가져다 주겠니?"

곧 음료수를 한 잔 들이켠 페긴 영감은 그제야 입을 열었다.

"템스 강가에 있는 집들 가운데 내가 봐 둔 곳이 있는데, 아주 값나가는 것이 많아. 어때, 한번 해 보지 않겠나?"

"군침이 당기긴 하는데 서두르면 안 되지. 부잣집인만큼 경비도 만만 치 않을 게 분명해. 일단 그 집 하인들 중에 몇 사람을 우리편으로 만 들어야겠어."

"잘 생각했어. 큰 물건을 건지려면 그 정도는 감수해야겠지. 그럼 일 이 진행되는 대로 내게도 연락을 주게."

"아무 걱정 말고 집에 가서 기다리게."

그 외에 몇 가지 이야기를 더 나눈 뒤 페긴 영감은 올리버가 있는 집 으로 향했다. 그리고 며칠이 흘렀다.

'이상하다. 왜 사이크스에게서 아무런 연락이 없는 걸까? 행동이 빠 른 그 자가 여태까지 아무런 손을 쓰지 않고 있을 리가 없는데.'

페긴 영감은 템스 강가의 부잣집에 가득한 은그릇이 탐이 나서 견딜 수가 없었다.

'안 되겠어. 분명 사이크스가 내게 무언가를 숨기고 있는 게 틀림없 어. 직접 그 집으로 가서 알아봐야겠어.'

작정한 페긴 영감은 올리버가 밖으로 나오지 못하도록 소년들로 하여 금 교대로 보초를 세우게 하고, 밖으로 문을 단단히 잠가놓았다.

그 날따라 밖의 날씨는 몹시 쌀쌀했다. 허름한 외투 깃을 바짝 세운 페긴 영감은 서둘러 사이크스의 집으로 갔다.

"여, 이게 누군가? 요새 페긴 영감이 우리 집을 자주 찾는구먼. 오늘 은 무슨 일인가?"

"여기 온 이유는 이따 이야기하기로 하고 우선 따뜻한 물 좀 주게."

"아 차, 손님 접대하는 걸 깜빡 잊었군. 이봐, 낸시! 여기 빨리 술 한 병만 가져와."

몸이 얼음장처럼 차가워진 페긴 영감은 낸시가 가져온 술을 주저없이 냉큼 들이켰다.

"아, 이제야 살 것 같군. 웬 놈의 날씨가 이리 춥단 말인가?"

"후후, 이제 당신도 늙었나 보군. 그까짓 추위에 벌벌 떠는 걸 보니."

사이크스가 비꼬는 말을 해도 페긴 영감은 개의치 않았다. 그보다 물어 볼 말이 급했다.

"자네 얼마 전 내가 이야기한 것은 알아봤나?"

"무슨 소린가?"

"아니, 벌써 잊은 거야? 템스 강가의 부잣집을 털자는 계획을 세우고 자네가 알아본다고 하질 않았나?"

"아, 난 또 무슨 소린가 했지. 흠, 그 일이라면 좀 어려울 것 같은데."

사이크스는 방바닥을 쳐다보며 한숨을 쉬었다.

"자세히 이야기해 보게. 왜 안 된다는 건가?"

"내 밑에 있는 아이들을 시켜 그 집 하인들 중에 만만한 놈을 우리편으로 꾀어 내려고 접근을 시켰지만 모두 실패했어."

"그런 일이라면 전문가인 자네가 못 해내다니 어쩐 일이지?"

"그 집 하인 놈들이 워낙 주인에게 충실한 자들이라, 많은 돈을 주겠다고 해도 눈 하나 깜짝하지 않고 거절하더군."

그 동안의 일을 전해 들은 페긴 영감은 잠시 난감해했다. 하지만 이내 마음을 굳힌 듯 사이크스에게 다른 방법을 이야기했다.

"그렇다고 이렇게 처져 있을 셈인가? 날을 잡아 직접 그 집 담을 넘으면 되지 않나?"

"그건 너무 위험한 짓이야. 부잣집인만큼 경비가 그렇게 허술하지 않단 말이야."

"다 틀린 일이군. 아……."

페긴 영감은 크게 실망한 듯 한숨을 내쉬었다.

"아직 실망하기는 일러. 방법이 전혀 없는 건 아니니까."

"그래?"

한 가지 방법이 있다는 사이크스의 말에 페긴 영감은 기뻐 어쩔 줄을 몰랐다.

"흠, 정문으로 직접 들어가기는 어려울 것 같고, 뒷문의 조그만 창문을 이용하면 될 것 같아. 몸집이 작은 아이만 있으면 돼."

"그거라면 문제없어."

"혹시?"

"그래, 올리버가 있잖아. 그 애는 몸집이 작은데다가 비쩍 말라서 이번 일에는 적격이야."

두 사람은 야릇한 미소를 머금은 채 고개를 끄덕였다.

"다른 아이들도 있지만 저번에 우리를 위험에 빠뜨릴 뻔했던 일을 생각하면……. 올리버 그 녀석을 이번 일에 이용해 단단히 버릇을 고쳐 놓는 게 좋겠어."

"나도 그렇게 생각한다네. 그럼 언제쯤이 좋을까?"

"곧 연락하겠소."

페긴 영감은 다시 외투를 꼭 여민 채 올리버가 있는 집으로 돌아왔다. 그로부터 다시 며칠이 지난 어느 날이었다.

"올리버, 이리 좀 오너라."

아이들이 모두 일을 나간 뒤, 페긴 영감은 올리버를 불렀다.

"자, 신어 보아라."

"아니, 이건 새 구두가 아닌가요?"

생각지도 못한 구두 선물에 올리버는 무슨 일인가 하고 페긴 영감을 무심히 바라보았다.

'앞으로 외출하는 것을 허락한다는 뜻인가?'

새 구두를 신은 올리버를 보고 페긴 영감이 흡족한 얼굴로 말했다.

"아주 딱 맞는구나. 자, 거기 앉아라. 네게 할말이 있다."

올리버는 침을 꿀꺽 삼키며 페긴 영감의 입만 바라보았다.

"앞으로 당분간 너는 이 곳을 떠나 있게 될 것이다."

"옛?"

"오늘 저녁에 사이크스가 살고 있는 집으로 갈 테니 그리 알아라."

"무슨 일로 가는지 알고 싶어요."

"아마 그 집에 가게 되면 사이크스가 말해 줄 거야."

페긴 영감은 더 이상 올리버가 묻는 말에 대답하지 않았다. 단지 사이크스의 말을 잘 들으라는 말과 함께 어떤 일이 끝나면 다시 이 곳으로 오게 될 것이라는 말만 곁들였다.

'그 사이크스란 사람은 왠지 두려워. 무슨 일로 그 사람과 함께 지내야 하는 걸까?'

올리버의 애타는 속마음은 아랑곳하지 않고 페긴 영감은 다시 볼일이 있다며 바깥으로 나갔다.

"자, 올리버. 너를 데리러 사람이 올 동안 이 책을 읽고 있거라. 아마 네 마음을 잡아 주는 데 도움이 될 거야."

"네."

책을 건네받은 올리버는 페긴 영감이 문을 열고 횡 하니 밖으로 나가 버리자 책장을 넘기기 시작했다.

"이게 뭐야?"

페긴 영감이 두고 간 책은 올리버의 마음을 어지럽게 만들기에 충분할 정도로 무시무시한 내용들로 가득 차 있었다.

난생 처음 읽은 살인 이야기, 감쪽같이 물건을 훔치는 방법과 함께 이 세상에 못된 짓이라고는 모두 적혀 있었다. 게다가 죄를 지은 자를 교수형에 처하는 광경을 눈에 선하게 묘사해 놓았다.

몸서리가 쳐질 정도로 온몸이 떨린 올리버는 그만 책을 덮고 말았다.

'아, 무서워. 왜 이런 책을 내게 주는 걸까? 이 곳에서 지내는 사람들은 결국 이렇게 살아야 되는 건가?'

올리버는 머리를 세차게 흔들며 손을 모아 하느님께 기도했다.

"하느님, 부디 저를 올바른 길로 이끌어 주십시오. 이제 저는 무엇이 옳고 그른 길이라는 것을 분별할 힘마저 없습니다. 이 곳에는 인간의 선함이라고는 찾아볼 길이 없고, 오직 악마의 손길만이 사방에 널려 있습니다. 이 곳에서 저를 건져내 주십시오."

두 눈에서 흐르는 후회와 슬픔의 눈물은 올리버의 양 볼을 타고 흘러내렸다. 그 때 사람의 인기척이 나자, 올리버는 두려운 마음이 들었다.

"누, 누구세요?"

"……"

올리버는 페긴 영감이 돌아온 줄 알고 재빨리 뒤를 돌아다보았다.

"아, 낸시였구나."

"그래, 올리버. 네가 너무 열심히 기도를 올리는 중이라, 왔다는 소리를 못했어. 그 동안 마음 고생을 많이 했구나."

살며시 방 안에 들어선 낸시는 올리버가 이렇게 된 것에는 자기에게도 책임이 있다는 자책감이 들었다.

"미안해, 올리버. 내가 그 날 너를 이 곳으로 끌고 오지만 않았더라도 지금쯤 너는 아주 행복하게 잘살고 있을 텐데."

올리버는 낸시가 자신을 이 곳으로 데려온 것을 후회하는 말을 듣자 대뜸 이렇게 물었다.

"낸시, 지금이라도 늦지 않았어. 나를 이 곳에서 내보내줘. 응?"

"올리버, 나도 그러고 싶지만 아직은 때가 아니야. 지금 내 힘으로 너

를 도망치게 해 봤자 다시 이 곳으로 끌려오는 것은 시간 문제야."

"어째서?"

"벌써 그 노신사의 집은 우리가 다 알고 있는데다가 이 곳을 도망친 너에게 복수하기 위해 이 사람들은 무슨 짓이라도 다 할 테니까."

친절하게 이야기를 해 주는 낸시의 말에 올리버는 희망이라는 단어가 저 멀리 도망가 버린 듯했다. 어깨가 축 처진 올리버를 향해 낸시가 덧붙여 말했다.

"그렇게 기죽을 것 없어. 언젠가는 반드시 기회가 올 거야. 그 때까지 참고 저들이 하자는 대로 시늉만 내도록 해. 기회가 오면 나도 너를 도울 테니까."

결국 올리버는 낸시를 따라 마차를 타고 처음 사이크스가 머물고 있는 집으로 왔다.

"호, 도련님이 이런 누추한 곳을 다 찾아 주시다니 영광인데. 앞으로 내 말을 잘 듣지 않으면 가만두지 않을 테다. 알겠지?"

"처음부터 너무 윽박지르지 말아요."

"낸시, 또 저 꼬마 녀석 편을 드는 건가? 좋아, 일만 잘해 준다면 그 정도쯤이야 눈감아 줄 수 있지. 내일 새벽 5시에 출발할 테니 그리 알아라."

올리버는 저녁을 먹는 둥 마는 둥 하고 일찍 잠자리에 들었다. 다음 날, 사이크스의 날카로운 목소리가 울려왔다.

"뭐 하는 거야. 저 꼬마 녀석을 얼른 흔들어 깨우지 않고 말이야."

곧 낸시가 깨우는 소리에 올리버는 서둘러 일어나 사이크스가 던져 주는 망토를 둘렀다. 밖은 거센 비가 내려 길이 엉망이었다.

"빨리 걷지 못하겠어!"

올리버는 사이크스의 뒤를 따라 좁은 골목길을 부지런히 걸었다. 가

축 시장과 공원을 지나 한길로 나오자 사이크스는 지나가는 마차를 불러 세웠다.

"들판이 끝나는 곳까지 태워 주실 수 있나요?"

"같은 방향인 것 같은데, 그렇게 합시다."

친절한 마부 덕택에 그들은 잠시 가쁜 숨을 돌릴 수 있었다.

"자, 먹어 둬라."

마차에 올라탄 사이크스는 아침 일찍 서두른 탓에 먹지 못한 아침식사 대신 빵과 음료수를 먹어 댔다. 올리버도 그제야 배가 고프다는 걸 느끼고 허겁지겁 먹었다.

"다 왔소. 난 저쪽 길로 갑니다."

"고맙소."

꽤 오랜 시간 말을 달려 그들이 당도한 곳은 어떤 다리가 있는 곳이었다. 그 곳에서 방향을 바꾸어 조금 걸어가니 들판에 낡은 집이 한 채 있었다.

"나야! 문 좀 열어."

사이크스가 안에 대고 소리치자 한 청년이 고개를 내밀었다.

"오셨군요. 잠시만 기다리세요. 곧 촛불을 들고 나올 테니까."

잠시 후, 사이크스는 올리버를 앞장세워 낯선 그 곳으로 들어갔다. 조금 전 문을 열어 준 그 청년의 이름은 토비 크래킷이라고 하는데, 옷차림이 매우 화려했다.

누추한 그 곳엔 토비라는 청년 외에도 올리버보다 나이가 들어 보이는 바니라는 소년이 있었다.

"저 비쩍 마른 꼬마 녀석이 형님이 말한 그 아이인가요?"

"그래. 아, 피곤하다. 얼른 먹을 것 좀 가져와."

곧 먹을 것이 차려지고 술이 곁들여졌다. 그 때까지도 올리버는 한

쪽 구석에 쪼그리고 앉아 있었다.

"야, 꼬마야. 뭘 좀 먹어야지."

토비는 올리버에게 음식을 권하고는 술잔에 술 한 잔을 따라주었다.

"쭉 들이켜라. 내일 새벽에 일을 나가려면 몸을 따뜻하게 데워 놓아야 하는데 그럴 땐 이게 최고지."

"전……. 전 마시고 싶지 않아요."

그들은 억지로 올리버에게 독한 술을 마시게 했다. 그들은 서로 술잔을 주거니 받거니 하면서 곯아떨어질 때까지 술을 마셔 댔다.

낯선 곳에 온 올리버도 술기운 탓인지 긴장감이 풀려 잠이 들고 말았다. 얼마를 잤는지 토비가 부르는 소리가 들려왔다.

"어서 일어나! 벌써 1시 반이나 됐어."

사이크스와 토비는 몇 가지 물건을 옷 속에 챙겨 넣기 시작했다. 권총과 밧줄, 얼굴을 가리기 위한 복면, 쇠몽둥이 등등 보기에도 무시무시한 것들이었다.

밖으로 나오니 날씨가 무척 쌀쌀하여 몸이 오그라들 정도였다.

"뭐 하고 있어? 빨리 따라오지 않고."

사이크스와 토비는 빠른 걸음으로 어디론가 부지런히 가고 있었다. 올리버는 아무 말도 하지 않은 채 뒤를 따랐다.

그렇게 걷기를 1시간, 담이 무척 높은 집 앞에 멈추었다. 잠시 그 집 앞을 서성이는가 했더니 먼저 토비가 능숙한 솜씨로 훌쩍 뛰어넘었다.

"자, 이제 네 차례야."

낮은 목소리로 사이크스가 올리버에게 이야기하는가 싶더니 이내 그의 몸이 공중에 들려 올려졌다. 곧 사이크스도 담을 뛰어넘어 들어왔다.

"자, 꾸물거리지 말고 저쪽으로 가자."

그제야 올리버는 어렴풋이 그들이 무엇을 하려는지 알아차렸다.

'이건 페긴 영감님이 준 책에서 본 강도질이라는 게 틀림없어. 소매치기보다 더 흉측하고 나쁜 일이야. 만약 집 안의 물건을 훔치다 들키는 날에는 사이크스가 이 집 사람들에게 총을 쏠지도 몰라.'

여기까지 생각이 미치자 올리버는 온몸에서 힘이 쑥 빠져 나가 도저히 걸음을 옮길 수가 없었다.

"뭐 하고 있는 거야!"

굳은 듯이 멍하니 서 있는 올리버를 향해 사이크스가 낮은 목소리였지만 날카롭게 말했다.

"아, 저를 제발 보내 주세요. 이 일만은 못하겠어요."

"뭐라고? 지금 우리 일을 엉망으로 만들겠다는 거냐? 내 이 놈을 당장……."

극도로 화가 난 사이크스는 총을 꺼내 올리버의 머리를 겨누었다.

"안 돼. 지금 무슨 짓을 하려는 거야? 여기서 총소리를 내면 우리 셋 다 붙잡히고 말 거야."

"에잇, 바보 같은 자식."

토비가 급히 사이크스의 팔을 잡아당겨 위기를 넘길 수 있었다.

"자, 형님은 어서 저쪽에 있는 덧문을 열도록 하시오. 난 이 애를 잘 구슬려 볼 테니."

올리버 곁에 다가간 토비는 낮은 목소리로 속삭였다.

"잘 들어. 이 일은 금방 끝날 거야. 한 번만 더 속을 썩이면 나도 사이크스를 더 이상 말려 줄 수 없어. 무조건 우리가 시키는 대로 해."

잠깐 사이, 조그만 창문의 덧문이 뜯겨지고 사이크스가 돌아왔다.

"어서 저 창문으로 들어가. 이번엔 이 총이 가만 있지 않을 거야. 어서 움직여!"

결국 작은 창문을 통해 안으로 들어온 올리버를 향해 총을 겨누고 있는 사이크스가 사납게 일렀다.

"자, 앞으로 조금 걸어가서 오른쪽으로 가면 현관문이 보일 거야. 그곳으로 가서 문을 열도록 해. 우리가 들어갈 수 있게. 알겠냐?"

뒤에서 일러 주는 사이크스의 말을 들으면서 올리버는 자신의 마음을 점점 굳혀갔다.

'그래, 저들의 말을 듣는 척하면서 현관 쪽으로 가지 말고 집 안으로 들어가자. 그리고 사람들이 깨어날 수 있도록 소리를 내는 거야.'

한 걸음 한 걸음 옮기는 동안 올리버는 점점 몸이 떨려왔다. 그 때였다. 작은 소리였지만 사람들의 말소리가 들려왔다.

"잠깐, 올리버. 거기 서 있어. 이봐, 토비. 무슨 소리 못 들었어?"

"글쎄, 잘 모르겠는걸."

그 사이에도 올리버는 걸음을 멈추지 않고 집 안으로 발길을 돌렸다.

"저 녀석이 지금 뭐 하는 거야? 어서 이리 돌아오지 못해!"

곧 집 안에서 들리던 희미한 소리는 점점 크게 들려왔다. 올리버는 이 때다 싶어 서둘러 걸음을 옮기려는 순간, 누가 쏜 것인지 모를 총알이 날아왔다.

"윽!"

날아온 총알에 맞은 올리버는 한순간 뒤로 자빠질 듯이 비틀거리며 걷다가 이내 푹 고꾸라지고 말았다.

"어서 저 녀석을 이리로 끌어 내!"

사이크스는 가져왔던 갈고리를 연결시켜 올리버를 끌어올렸다.

"왼쪽 귀에 스친 것 같아. 제길! 이 녀석 때문에 되는 일이 없군."

대충 올리버를 들쳐업은 사이크스는 다시 담을 넘어 도망치기 시작했다. 토비는 벌써 앞서 달려가고 있었다.

"토비! 돌아와. 어서 오지 않으면 당장 이 총으로 쏘아버릴 테다!"

그제야 걸음아 날 살려라 도망가던 토비가 걸음을 주춤하며 뒤를 돌아보았다.

"아, 알았어. 갈 테니 제발 총은 저리 치워."

"자, 이제 네가 이 녀석을 업도록 해."

"내 등에 업혀 줘."

교대로 올리버를 업고 앞만 보고 달리던 그들은 사방에서 사람들의 소리가 들려오자 덜컥 겁이 났다.

"안 되겠어. 이러다간 우리 둘 다 잡히고 말 거야. 안됐지만 이 꼬마 녀석을 이 곳에 버려 두고 가야겠어."

결국 올리버는 그들이 털려고 하던 집 근처 구석진 들판에 버려졌다.

구원의 천사

한동안 정신을 잃었던 올리버는, 조금씩 비가 내리기 시작하자 차가운 빗물에 정신이 들기 시작했다.

'아, 여기가 어디지? 그래, 생각 나. 난 총에 맞았지.'

올리버는 몸을 일으켜 일어나려고 애를 썼다.

"아얏!"

하지만 온몸은 피로 물들어 있었고, 도무지 움직일 수가 없었다.

'이대로 여기서 죽는 건가? 아니, 그럴 수는 없어.'

죽을 힘을 다해 겨우 일어선 올리버는 이리저리 비틀거리며 힘든 한 걸음을 걸어갔다.

'너무 힘들고 아프구나. 아, 너무 추워.'

올리버는 이미 제정신이 아니었다. 내리는 비로 인해 몸은 점점 굳어가고 눈앞에는 헛것이 보였다. 따뜻한 난롯가에 모여 있는 가족들과 함께 웃고 떠드는 자신의 모습도 어렴풋이 보였다.

'저기까지만 가자.'

이제 더 이상 앞으로 걸어갈 힘이 남아 있지 않은 올리버의 눈앞에 낯익은 집이 보였다. 그 곳은 어제 사이크스와 함께 도둑질을 하기 위해 왔던 집이었다.

"쾅쾅쾅!"

마지막 힘을 쏟아붓기라도 하듯 세차게 그 집 문을 두드려보았지만 아무런 기척이 없었다. 올리버는 더 이상 버틸 힘이 없는지 그만 그 자리에 쓰러지고 말았다.

한편, 도둑이 든 줄 알고 웅성대던 부잣집은 낯선 자들의 뒤를 쫓다가 비와 안개로 인해 그만 집으로 돌아와 버렸다. 그리고 간밤의 일을 이야기하며 모여 앉아 있었다.

"휴, 정말 큰일날 뻔했어."

"사람들이 웅성대는 통에 깼는데, 도대체 어떻게 된 일이야?"

이 집의 살림과 하인들을 관리하는 자일스가 앞으로 썩 나섰다.

"간밤에 잠이 오질 않아 침대에 누워 이리저리 뒤척이고 있을 때였어. 작지만 무엇인가 뜯는 소리가 들리질 않겠어?"

"그래서요?"

다른 하인들과 하녀는 귀를 쫑긋 세우고 궁금한 듯 듣고 있었다.

"혹시 도둑일지 모른다는 생각이 들어 총을 주머니에 넣어 가지고, 하인 한 명을 더 깨운 뒤 소리나는 곳으로 살금살금 내려갔지.
역시 짐작대로 몇 놈의 그림자가 아른거리는 것이 눈에 띄었어. 난 주저할 것도 없이 가지고 있던 총으로 놈을 향해 방아쇠를 당겼어."

"그럼 누가 그 총에 맞고 쓰러졌겠군요."

"글쎄. 하도 어두워서 그걸 확인할 수가 없었어."

숨을 죽이며 자일스의 흥미진진한 이야기를 듣고 있던 그들 중 한 명이 소리쳤다.

"잠깐만, 지금 밖에서 문을 두드리는 소리가 들렸어."

"이 시간에 이 집에 올 사람이 어디 있겠어? 네가 하도 열심히 자일스 씨의 이야기를 듣다 보니 착각한 거야."

"아니야, 분명히 똑똑 하는 소리가 났어."

그렇잖아도 좋지 않은 일이 일어났기 때문에 겁을 잔뜩 집어먹은 하인들이라 두 명의 건장한 하인이 나가 보기로 했다.

"앗! 웬 꼬마가 문 앞에 쓰러져 있네. 자네 어서 안으로 들어가 자일스 씨에게 전하고 오게."

곧 자일스가 문밖으로 나와 피를 흘리고 쓰러진 꼬마를 이리저리 살펴보았다.

"이 녀석은 어젯밤 내 총에 맞고 쓰러진 놈이 틀림없어."

자일스는 의기양양하게 올리버를 끌고 집 안으로 들어가 큰 소리로 떠들기 시작했다.

"마님! 제가 도둑놈을 잡았어요."

그 때 거실에서 나타난 한 아가씨가 못마땅한 얼굴로 자일스에게 핀잔을 주었다.

"왜 이렇게 큰 소리를 치며 소란을 피우는 거죠?"

"아가씨, 이 놈 좀 보십시오. 어젯밤 집에 든 도둑놈입니다."

그러나 아가씨는 무서워하지도 흥분하지도 않았다. 아주 침착한 얼굴로 지시를 내렸다.

"피를 흘린 걸 보니 많이 다친 모양이로군. 속히 브리틀스를 시내로 보내 의사 선생님을 모셔오도록 해요. 가는 길에 경찰에게 이 사실을 알리는 것도 잊지 말고."

"예, 알겠습니다."

자일스는 아가씨가 시키는 대로 일을 처리했다.

"그 동안 이 도둑놈은 어떻게 할까요?"

"의사 선생님이 오시기 전에 간호를 해 주어야 할 것 같은데, 우선 아주머니께 알려 드려야겠군요. 잠시 기다리세요."

이 집의 아가씨는 마님이 있는 방으로 들어갔다 잠시 후 나왔다.

"이 사람을 방으로 옮겨 간호를 해 주세요. 아주머니께서도 그렇게 하는 게 좋을 것 같다고 하시는군요."

하인에게 할말을 마친 아가씨는 그만 방으로 들어가 버렸다. 조금 뒤, 이 집의 주인인 메일리 부인과 수양딸인 로즈는 함께 식사를 했다. 메일리 부인도 기품 있어 보였지만, 로즈 양 역시 영리하고 아름다웠다.

"로즈, 이번 일로 네가 몹시 놀랐겠구나?"

"처음엔 무서웠지만 얼핏 본 도둑이란 아이는 아주 어려 보였어요."

"무슨 사정이 있는지는 경찰이 오면 알 수 있겠지. 그것보다 그전에 로즈번 의사 선생님이 어서 오셔야 할 텐데."

그 사이 그들이 기다리던 의사 선생이 도착했다. 수다쟁이 로즈번 의사는 집 안에 들어서자마자 위로의 말을 했다.

"큰일날 뻔했군요. 그 도둑놈들이 부인과 아가씨만 있는 집이라 선불리 침입한 모양이로군요. 그 때 내가 이 곳에 있었더라면 나머지 도둑놈들도 모두 잡을 수 있었을 텐데. 그래도 두 분 모두 몸이 성한 것을 보니 반갑기 그지없군요."

메일리 부인이 의사 선생의 말을 끊지 않았더라면 아마 인사치레로 하는 말은 좀처럼 끝나지 않았을 것이다.

"호의는 감사합니다만 지금 그 어린 도둑이 우리 집에 몸져누워 있답니다. 서둘러 치료를 해 주셨으면 합니다."

"아, 그렇군요. 제가 여기 온 것은 환자를 보기 위해서지요."

곧 의사 선생은 자일스의 안내를 받아 올리버가 누워 있는 곳으로 올라갔다. 한참 뒤, 로즈번은 부인과 아가씨가 있는 곳으로 돌아왔다.

"어떤가요? 많이 다쳤나요?"

"흠, 총에 맞은 증상은 그다지 심각하지 않지만, 아이가 많이 지쳐 있는 상태라 금세 회복될 것 같지는 않습니다."

"그나마 다행이로군요."

로즈번 의사 선생은 두 여자를 번갈아 쳐다보았다.

"혹시 두 분 중 누구라도 저 아이를 보신 적이 있나요?"

"아뇨. 저 아이가 이 집에 끌려왔을 때 전 자일스에게 지시만 내렸고, 아주머니께서는 방에 계셨기 때문에 얼굴을 본 적은 없어요."

로즈번은 두 여자를 데리고 올리버가 누워 있는 방으로 올라갔다. 떨리는 마음으로 살며시 올리버가 누워 있는 침대 곁으로 다가간 두 여인은 깜짝 놀라고 말았다.

"어머, 생각보다 아주 어리군요. 난 도둑이라고 해서 아주 흉악하게 생긴 줄 알았는데."

"로즈의 말대로 아주 귀엽고 어려 보이는구나."

두 여인이 감상적인 태도를 보이자 로즈번이 한 마디 거들었다.

"그렇지 않을지도 몰라요. 사람이란 얼굴만 가지고 판단해서는 안 됩니다. 착한 얼굴을 가지고도 얼마든지 나쁜 짓을 할 수도 있어요."

그러자 로즈 양이 눈물을 글썽이며 메일리 부인에게 호소했다.

"아주머니, 사람이란 환경에 따라 성품이 달라질 수 있어요. 저 역시 아주머니 같은 좋은 분을 만나지 못했더라면 어떤 여자가 되었을지

알 수 없잖아요. 저 아이 역시 비참한 생활 때문에 저렇게 되었을지도 몰라요. 왠지 저 아이의 영혼은 맑고 순수하다는 생각이 들어요. 부디 아주머니께서 구원의 손길을 저 아이에게도 베풀어 주세요."

메일리 부인은 로즈 양의 어깨를 다독이며 위로했다.

"걱정 마라, 로즈. 넌 정말 착한 마음씨를 가지고 있구나. 이 아이가 새로운 생활을 시작하는 데 우리가 도움이 된다면 얼마든지 힘이 되어 줘야지. 로즈번 선생님, 부디 우리를 도와주세요."

잠시 생각에 잠긴 로즈번은 고개를 끄덕였다.

"방법이 있기는 합니다만, 하인들 몇 사람을 혼내주어야겠군요. 허락하시겠습니까?"

"선생님 뜻에 따르겠어요."

그 날 저녁때가 되어 간신히 정신을 차린 올리버 곁에 둘러앉은 두 여인과 로즈번은 그간의 사정 이야기를 들을 수 있었다.

아래층에서는 하인들과 조금 전 도착한 경찰이 모여서 꼬마 도둑에 대한 이야기를 나누고 있었다. 올리버가 있는 곳에서 나온 로즈번 의사는 자일스를 불렀다.

"찾으셨습니까?"

"그래, 자네에게 긴히 할말이 있네. 그 어린 도둑에 대해 몇 가지 물어 볼 말이 있어."

"그 어린 도둑은 깨어났습니까?"

로즈번 의사는 심각한 표정으로 자일스를 바라보았다.

"자네는 하느님의 성실한 어린양이 맞는가?"

"무슨 말씀인지……."

"즉, 하늘에 맹세하고 저 아이가 어젯밤 이 곳에 침입한 도둑놈이라고 말할 수 있는가 말일세."

곁에서 자일스가 땀을 뻘뻘 흘리며 당황한 모습을 경찰이 지켜보고 있었다.

"이봐, 가서 브리틀스도 데려오도록 해."

내친김에 로즈번 의사는 일을 확실히 꾸며 두기 위해 자일스와 함께 있었던 브리틀스도 불러오도록 했다.

"자, 이제 어젯밤에 사건이 일어난 곳에 있었던 증인이 모두 모인 셈이군. 그럼 내 이야기를 잘 듣고 틀린 점이 있으면 고쳐 주게. 어젯밤 이 집에 든 강도들 중 한 사람이 자일스가 쏜 총에 맞았다고 하세. 그리고 날이 밝아 한 소년이 피를 흘리며 이 집 문 앞에 쓰러져 있는 것을 하인들이 발견하고는 전날 밤에 자일스가 본 강도라고 여기고 집으로 끌고 들어왔다. 자일스, 당신은 분명 이층에 누워 있는 저 소년이 강도라고 생각하는가?"

로즈번 의사의 강한 추궁에 두 하인은 고개를 갸우뚱거리며 확답을 하지 못했다.

"어젯밤은 너무 어두운데다가 날씨도 흐려서 사람의 얼굴을 알아볼 수 없었습니다. 우리 집에 끌려들어 온 소년이 꼭 어젯밤의 강도인지는 잘 모르겠습니다."

두 하인은 로즈번의 계획에 걸맞게 올리버의 얼굴을 잘 보지 못했음을 시인했던 것이다.

'이제 됐다. 휴, 한숨을 돌려도 되겠어.'

하지만 이 때 밖에서 누군가 들어오는 인기척이 들렸다.

"누가 온 모양이군."

"아마 경찰서에서 나온 사람들일 겁니다."

"뭐라고? 대체 무슨 소리야?"

"제가 오늘 아침에 부랴부랴 신고를 했습니다만……."

'이런, 일이 술술 풀리는가 했는데 다시 꼬이기 시작하는군. 런던 경찰서에서 나온 자들이라면 만만치 않을 텐데.'

날카로운 눈매의 두 사람이 로즈번과 하인이 있던 곳으로 들어섰다.

"연락받고 왔습니다. 저는 브레더스라 하고, 옆에 있는 사람은 더프 형사입니다."

간단히 자기 소개를 한 런던 경찰 소속의 형사들은 사건이 일어난 경위를 자세히 이야기해 줄 것을 부탁했다.

"그 이야기는 제가 해 드리지요. 저는 이 집의 담당 의사인 로즈번이라고 합니다."

"아, 그렇습니까? 그럼, 사건을 말해 보시지요."

로즈번은 이번 일은 별로 큰일이 아니라는 듯이 천천히 여유롭게 사건을 설명해 나갔다.

"그렇게 된 거로군요. 하지만 이 집에 침입한 강도들은 준비를 철저히 해왔던 것 같아요. 시골 좀도둑의 솜씨는 아닙니다."

브레더스 형사는 예리한 질문을 해 로즈번을 당황하게 만들었다.

"말씀을 듣고 보니 그럴 듯하군요."

로즈번은 고개를 끄덕이며 브레더스 형사의 말에 수긍하는 척했다.

"참, 침입자들 중에 어린 녀석이 있다던데요?"

"예, 지금 이층에 있습니다만 아직 정신을 차리지 못했습니다."

자일스가 앞으로 썩 나서며 설명을 했다.

"우선 그 아이를 만나 봐야겠군."

"브레더스 씨, 그전에 사건 현장을 한 번 둘러보는 것이 좋다고 생각합니다. 그리고 이층에 있는 그 부상당한 소년은 이 사건과는 아무 연관이 없습니다."

"그건 또 무슨 소린가요?"

"조금 전까지 그 이야기를 하고 있던 중이었는데, 이 집 하인들이 경황이 없어 사람을 잘못 본 모양입니다."

"그럼 저 소년은 무슨 일로 총에 맞은 건가요?"

로즈번 의사는 집요한 두 형사의 질문에 아무렇지도 않은 척 이야기를 하고 있었지만, 사실은 손에 땀이 날 정도로 힘들어하고 있었다.

"자세한 이야기는 소년이 깨어난 뒤에 물어 보아도 늦지 않을 겁니다. 말씀드린 대로 먼저 자일스와 함께 강도들이 들어온 흔적이 있는 곳을 조사해 주시기 바랍니다."

"알겠습니다. 우선 그렇게 하는 것이 좋을 듯하군요."

뒤늦게 거실로 나온 메일리 부인과 로즈 양이 두 형사에게 정중히 인사를 했다.

"저의 집 일로 이렇게 수고를 해 주시니 감사합니다."

"이런 일을 하는 게 저희들 직업인데요, 뭘. 그럼, 조금 있다가 다시 뵙겠습니다."

하인들의 안내를 받고 두 형사가 나가 버리자 그제야 로즈번 의사는 맥이 탁 풀리는 듯했다.

"휴, 단 5분만 더 저들이 이 곳에 있었더라도 난 이 자리에 그냥 주저앉고 말았을 거야. 메일리 부인, 그리고 로즈 양, 이번 일은 쉽지 않을 것 같군요."

"어떡하죠? 하지만 저 아이를 그냥 경찰에 넘겨 줄 수는 없어요. 차라리 두 형사님께 사정 이야기를 하고 선처를 바라는 건 어떨까요?"

그러자 로즈번 의사는 고개를 세차게 가로저었다.

"아가씨, 저 사람들이 하는 일이란 강도나 도둑들에게 동정심을 발휘하는 것이 아닙니다. 잘못을 저지른 사람들을 잡아다가 벌을 주는 것이 저들이 할 일입니다. 올리버가 지난날 저지른 일은 본인이 원해서

한 짓은 아니지만, 충분히 처벌 대상이 될 겁니다. 게다가 저 아이가 이번 일을 벌인 강도들과 한패라는 사실이 알려지는 날엔 더 이상 손을 쓸 수도 없습니다."

"아아, 어쩌면 좋아요? 그럼 올리버가 감옥에 갇히게 될지도 모른다는 이야기인가요?"

로즈 양은 어쩔 줄을 몰라하며 고개를 숙여 흐느꼈다. 그 모습을 본 로즈번 의사는 안쓰러워 위로의 말을 건넸다.

"어려운 일이긴 하지만 하느님이 우리 편이라면 분명 우리를 도와주실 겁니다. 처음에 작정한 대로 그대로 밀고 나가야 해요."

"처음에 세운 계획이라면……?"

메일리 부인이 로즈 양의 어깨를 다독이며 물었다.

"예, 올리버는 이번 일과 아무 상관이 없는 아이라는 것을 저들에게 믿게 해야 합니다. 한 가지 덧붙일 것은 저들이 올리버를 만나 보는 것은 무슨 수를 써서라도 훼방을 놓아야 합니다. 마음이 약한 올리버가 결국 사실대로 말해 버린다면 모든 일은 물거품이 되어 버립니다."

두 여인이 고개를 끄덕이며 주의를 기울여 의사의 설명을 들었다.

"우리는 오직 로즈번 의사 선생님만 믿겠어요."

그는 곧 자일스의 권총을 찾아 간밤에 총을 쏜 흔적을 모두 지워 버렸다. 잠시 후, 두 형사가 현장 조사를 끝내고 다시 집 안으로 들어섰다. 그들 곁에는 자일스와 브리틀스가 함께 서 있었다.

"사건 현장에서 무슨 단서라도 찾으셨나요?"

"뒤꼍에 뜯겨진 창문을 봐서는 이번 일에 분명 어린아이가 끼여 있을 가능성이 큽니다. 범인들은 그 문으로 들어올 수 없었기 때문에 소년을 시켜 창문을 통해 들어가게 한 뒤 현관문을 열려고 했음에 틀림없습니다."

로즈번 의사는 브레더스 형사의 놀라운 추리력에 혀를 내둘렀다.

"일이 그렇게 된 거로군요."

"자, 이제 이 집에 머물고 있는 소년을 만나 봐야겠군요."

이 때, 로즈번 의사는 메일리 부인과 로즈 양에게 눈을 찡긋했다.

"말씀 도중에 실례합니다만, 바깥 날씨가 몹시 추운데 고생을 하셨으니 술과 음식을 좀 드시고 일을 계속하시는 게 어떨까요?"

그들 역시 먼길을 오느라 지쳐 있는데다가 추운 날씨 탓에 몸이 떨려 술을 대접한다는 말에 귀가 솔깃했다.

"그럼 한 잔 한 뒤에 일을 마무리짓기로 하죠."

곧 고급 양주와 함께 훌륭한 음식상이 차려지고 그들은 흡족한 듯 사양하지 않고 술을 마셔 댔다.

그 동안 로즈번 의사는 이층으로 올라가 올리버의 병세를 살펴보았다. 올리버는 가끔 헛소리를 지르며 괴로워하고 있었다.

'흠, 이 일이 순조롭게 끝날 것인가는 하느님만이 알고 계실 거야.'

두 형사의 술대접이 어느 정도 끝나갈 무렵, 로즈번 의사는 부랴부랴 다시 아래층으로 내려와 있었다.

"이제 얼었던 몸이 좀 풀리셨나요?"

"부인과 아가씨 덕택에 잘 먹었습니다. 이제 그럼 슬슬 그 어린 녀석이 있는 곳으로 올라가 볼까요?"

로즈번 의사는 형사들을 올리버가 잠들어 있는 곳으로 안내했다.

"이 아이입니다."

"흠, 이 소년과 이야기를 나누어 볼 수 있을까요?"

"아직 혼수 상태라 좀 어려울 것 같습니다."

두 형사는 올리버의 얼굴을 물끄러미 내려다보았다. 로즈번 의사는 이 때다 싶어 얼른 지어 낸 이야기를 시작했다.

"이 아이는 이 근처에 사는 친척집에 놀러 온 소년인데, 이 집에 강도가 든 날 뜻하지 않은 사고로 그만 총에 맞고 말았답니다. 겨우 정신을 차린 아이가 이 집에 도움을 요청하러 온 것이, 하인들의 실수로 그만 강도 누명을 쓰고 만 것입니다."

"현장에 있었던 하인들을 불러 주시오."

곧 자일스와 브리틀스가 부름을 받고 서둘러 이층으로 올라왔다.

"자일스, 자네는 저 소년이 그 강도들 중 한 명이라고 생각하나?"

"너무 어두운 밤이라 얼굴을 똑똑히 본 것은 아닙니다. 단지 상황을 미루어 저 아이가 이번 일과 관련이 깊을 거라고 짐작합니다."

"흠, 자네는 분명 강도 중 한 명을 향해 총을 쏘았다고 했지?"

"예."

사람을 시켜 그날 밤에 쏜 자일스의 총을 가져오게 했다. 브레더스 형사는 총을 자일스 앞에 들이밀며 확인을 시켰다.

"자, 이 총이 자네가 강도를 향해 발사한 총인지 살펴보게."

"맞습니다."

다시 브레더스 형사는 자일스의 총을 이리저리 돌리며 유심히 보았다.

"자네는 분명 거짓말을 하고 있는 게 틀림없어."

"무, 무슨 말씀이신지?"

"여길 보게. 이 총에는 총알이 하나도 없을뿐더러 총을 쏜 흔적이 남아 있질 않아."

"옛? 그럴 리가……."

올리버에게 향하던 의심의 눈길은 곧 자일스에게 옮겨졌다. 당황한 자일스는 그 때부터 앞뒤가 맞지 않은 말을 해 가며 두려움에 떨었다.

이를 놓치지 않고 브레더스 형사가 집요하게 다그쳤다.

"자네는 간밤에 꾼 꿈을 현실로 착각하고 있는 건 아닌가? 범인이 아닌 사람을 어림 짐작으로 몰아세우다니, 그게 얼마나 큰 죄인지 모르겠는가?"

"그럴 생각은 눈곱만큼도 없었습니다. 브리틀스, 자네가 설명 좀 해 주게. 자네도 분명 총소리를 듣지 않았나?"

옆에 굳은 듯이 서 있는 브리틀스를 향해 자일스는 도움을 청했다.

"자일스 씨가 총을 들고 나가는 걸 보긴 했지만, 전 겁에 질려 나중에야 사건 현장에 가 보았습니다. 그래서 자일스 씨가 총을 쏘는 걸 확인하지 못했습니다. 하지만 분명 총소리는 났습니다."

브레더스 형사는 그제야 모든 일이 어떻게 된 일인지 파악된 듯 고개를 끄덕였다.

"그 총은 자일스가 쏜 것이 아니라 강도들이 집안 사람들에게 겁을 주기 위해 쏜 것이 틀림없는 것 같군. 결국 저 소년이 이번 일과는 아무 상관이 없음이 증명되는 셈이군."

이리하여 이번 일은 로즈번 의사의 계획대로 잘 처리되었다. 일을 서둘러 마친 런던 경찰들은 곧 이 집에서 철수했다.

"로즈번 씨, 수고하셨어요."

경찰들이 떠나고 난 뒤 메일리 부인은 로즈번에게 감사의 인사를 전했다. 그제야 로즈번은 맥이 풀리는지 자리에 털썩 주저앉았다.

"이런 일은 두 번 다시 하고 싶지 않아요. 민완 형사 두 사람을 속인다는 것이 얼마나 어려운 일인지……."

"어려운 일을 해내셨어요. 선생님께서는 이 아이에게 올바로 살아갈 소중한 기회를 만들어 주신 분이세요. 고맙습니다."

로즈 아가씨는 마치 자신의 일이기라도 한 듯 정중히 감사드렸다.

멍크스의 출현

이런 일이 일어난 줄은 꿈에도 모르고 마냥 사이크스를 기다리고 있던 페긴 영감은 시간이 흐를수록 애가 탔다.

'도대체 왜 이렇게 소식이 없는 걸까? 설마 사이크스 그 놈이 훔친 물건을 혼자 차지하려고 수작을 부리는 건 아니겠지. 아니, 그럴 리가 없어. 나랑 거래해 온 것이 한두 해도 아닌데. 그럼, 혹시 일이 잘못 된 건 아닐까?'

이런 생각 저런 생각으로 자리에 가만히 앉아 있지 못한 페긴 영감은 벌떡 일어나 방 안을 이리저리 왔다갔다 서성거렸다.

'안 되겠어. 앉아서 기다릴 순 없어. 조금 위험하더라도 사이크스의 집으로 가 보는 게 좋겠어.'

하지만 페긴 영감은 사이크스의 집에 가서도 그를 만나 볼 수 없었다.

'뭔가 일이 생긴 게 틀림없어.'

다시 집으로 돌아온 페긴 영감은 마음을 졸이며 혹시나 하는 생각으로 사이크스의 연락을 기다렸다.

날씨는 춥고 방 안에서 심심해하던 아이들은 카드놀이에 열중하고 있었다. 그 때, 밖에서 벨소리가 들려왔다.

"누가 왔나 보네?"

"안 돼. 아직 문을 열지 말고 조금 기다려 봐."

조심스러운 페긴 영감은 한 아이를 시켜, 밖에 온 사람이 누구인가 살펴보라고 일렀다.

"옷차림이 단정치 못하고 엉망인 남자예요."

"좋아, 문을 열어 줘."

곧 방 안에 들어선 사람은 사이크스와 함께 일을 나갔던 토비였다. 그가 들어서자 페긴 영감은 꽥 하고 소리를 질렀다.

"도대체 어떻게 된 거야?"

"아이고, 깜짝이야. 귀청 떨어지겠네."

토비는 페긴 영감의 기분은 아랑곳하지 않고 먹을 것을 좀 달라고 부탁했다. 음식이 나오자 마치 굶주린 사자처럼 게걸스럽게 먹어 댔다.

"자, 이제 이야기를 해 보게."

그제야 토비는 부잣집을 털려던 일이 실패한 사실과 올리버가 총에 맞아 그 근처에 던져 두고 도망쳐 오는 길이라는 사실을 털어놓았다.

"에잇, 바보 같은 놈들! 너희들을 믿고 일을 맡긴 내가 바보지."

무척 화가 난 페긴 영감은 무슨 생각이 들었는지 벌떡 일어나 부랴부랴 밖으로 나갔다. 샛길을 통해 어디론가 급히 걷던 그는 길모퉁이를 몇 차례 돌아 가게들이 늘어선 곳에 발을 멈췄다.

"여, 페긴 영감. 오랜 만이군."

"나중에 들름세."

"아니, 페긴 영감 아닌가? 요새는 통 오질 않으니 어쩐 일인가?"

그 곳에 가겟집 주인들은 페긴 영감이 지나쳐 갈 때마다 손을 들어 아는체를 했다. 허름해 보이는 가게들이었지만 없는 물건이 없었다.

페긴 영감은 이 곳에 훔친 물건을 싸게 넘겨 주고 있었다. 하지만 오늘은 그런 일 때문에 이 곳을 찾은 것이 아니었기에 걸음을 재촉했다.

그의 발길이 멈춘 곳은 다름 아닌 허름하고 지저분해 보이는 한 술집이었다. 이 곳은 사이크스가 자주 찾는 곳이었다.

"이봐!"

"오, 이게 누군가? 페긴 영감 아니야."

"물어 볼 말이 있어. 혹시 사이크스 녀석을 보았나?"

"요 며칠 동안 통 오질 않았네. 왜 무슨 일이라도 생겼나?"

"아니, 나중에 이야기하세."

페긴 영감은 혹시나 하는 생각에 술집 안을 이리저리 둘러봤다. 몇몇 사람들이 모여앉아 술을 마시고 있었다. 그는 다시 술집 주인에게 다가갔다.

"전에 나와 이야기를 나눈 적이 있던 젊은이를 기억하겠나?"

"아, 멍크스 말이군."

"그래, 자네는 기억력이 참 좋군. 그 젊은이가 여기에 오거든 내가 찾는다고 전해 주게."

"그럴 필요 없어. 잠시 후면 나타날 테니 여기서 기다리게."

하지만 페긴 영감은 불안한 마음이 들어 멍크스란 젊은이에게 자신의 말만 전해달라고 부탁을 한 뒤 그 곳을 나왔다.

'흠, 혹시 사이크스가 집에 와 있을지도 모르니 다시 그 녀석의 집으로 가 봐야겠어.'

그길로 사이크스의 집을 찾은 페긴 영감은 집에 누군가 사람이 있는 걸 확인했다. 조심하며 안으로 들어간 그는 작은 소리로 불렀다.

"사이크스, 안에 있는가?"

"……."

하지만 아무 소리가 없자 방문을 살며시 열어 보았다. 방 한가운데 놓인 탁자에는 여자가 엎어져 있었다.

"아니, 낸시 아니야?"

언제부터 술을 마셨는지 낸시는 벌써 술에 취해 몸을 가누지 못할 정도였다.

"이봐, 사이크스는 어디로 가고 낸시 혼자 있는 거야?"

"아, 페긴 영감님이로군요. 사이크스에 대한 소식을 물으셨나요? 그

사람 일이라면 나보다 더 잘 아실 텐데."

낸시는 페긴 영감을 알아보고는 혀 꼬부라진 소리로 되물었다.

"그럼 낸시도 사이크스가 올리버와 함께 일을 나간 뒤로는 만나 보질 못했단 말인가?"

"그 뒤로 무슨 소식이라도 있었나요?"

"휴, 일은 실패했고, 올리버는 총에 맞아 어딘가 버려졌다는군."

술기운에 제정신이 아닌 낸시도 올리버의 소식에 잠시 말이 없었다.

"오히려 잘된 일이야. 살아서 당신들의 손아귀에서 벗어나질 못한다면 차라리 빨리 죽는 편이 나을 거야."

"지금 무슨 헛소리야. 난 지금 사이크스보다도 그 애를 놓쳐 버린 것이 억울해 죽을 지경이야."

"나쁜 인간 같으니라고!"

"뭐라고 해도 좋아. 그 애는 남은 내 인생을 바꾸어 줄 만큼 큰 돈벌이가 될 아이니까 꼭 찾아 내야 해."

페긴 영감은 아차 하고 입을 막아 버렸다. 하지만 낸시는 그의 난데없는 말에 영문을 몰라 어리둥절한 표정이었다.

"지금 무슨 헛소리를 하는 거예요? 오늘 기분이 좋지 않으니 혼자 있고 싶어요. 어서 돌아가세요."

술에 취해 있는 낸시를 혼자 남겨 두고 페긴 영감은 서둘러 그 곳을 나와 집으로 발길을 돌렸다.

'술에 취한 낸시가 올리버에 관한 내 계획을 눈치챘을 리가 없어.'

골똘히 생각에 잠긴 그가 막 집으로 들어서려는 찰나였다.

"이봐!"

순간, 경찰이라도 들이닥친 듯이 페긴 영감은 잽싸게 몸을 돌렸다.

"하하하! 긴장하지 마. 나 멍크스야."

"휴, 난 또 누구라고?"

안도의 한숨을 내쉰 페긴 영감은 외투 깃을 세우며 말했다.

"할말이 있어서 술집 영감에게 자네를 보면 좀 보자고 일러두었지. 자, 날씨도 추운데 안으로 들어가서 이야기할까?"

"그 전에 물어 볼 말이 있네. 요새 올리버의 일은 잘 되어가고 있소?"

"그 일 때문에 자네를 부른 걸세. 계획된 일이 조금 되어 가는가 싶으면 다시 엉망이 되어 버리곤 하는군."

자세한 이야기를 나누기 위해 그들은 집 안으로 들어갔다. 이 시간엔 아이들이 모두 일을 나가기 때문에 집 안엔 아무도 없었다.

"부탁한 일은 어느 정도 진전이 있나?"

"이번 일만 성공했다면 올리버는 더 이상 이 소굴을 벗어나지 못했을 거야. 그런데……."

"그럼 강도질이 실패했단 말이지?"

"그렇다네. 아마 지금쯤 올리버는 추운 날씨에 얼어 죽었을지도 몰라."

멍크스와 페긴 영감은 올리버에 대한 비밀 이야기를 하느라 정신이 팔려 있었다.

한편, 그 동안 메일리 부인 댁에서 정성어린 간호를 받고 있던 올리버의 몸은 점차 회복되어 갔다.

"메일리 부인, 이 은혜에 어떻게 보답을 해야 할지 모르겠어요. 또 밤을 새워가며 저를 간호해 준 로즈 누나에게도 뭐라 감사의 뜻을 전해야 할지……."

메일리 부인은 다만 인자한 눈빛으로 올리버를 바라다보았다.

"올리버, 그런 걱정 말고 어서 몸이 회복되도록 해라."

"그래, 네가 얼른 다시 일어나는 것이 여러 사람의 고마움에 대한 보답이 되는 거란다."

두 여인은 올리버의 침대 곁에서 늘 용기와 힘을 주는 말을 해 주었다.

"두 분 염려처럼 몸이 회복되면 무슨 일이든지 시켜 주세요."

"그래, 꼭 약속하마."

메일리 부인은 올리버의 착한 마음씨를 보고는, 그를 어려운 지경에서 구해 준 것은 정말 잘한 일이라고 생각했다.

로즈 양 역시 올리버와 이야기를 나누는 동안 왠지 남 같지 않다는 느낌과 함께 좋은 아이라고 느꼈다.

'만약 그 때 저 아이를 그냥 런던 경찰들에게 넘겨주었더라면 저 아이의 운명은 어떻게 되었을까? 아아, 생각하기도 싫어.'

올리버 역시 두 여인을 대하면 브라운로 씨와 베드윈 아주머니가 새삼 생각이 나곤 했다.

'이제까지 친절한 할아버지와 아주머니 생각을 잊고 살아온 것 같아. 아아, 그분들은 아직도 나를 좋지 않은 아이로 생각하고 계실 거야. 만약 다시 그분들을 만날 수 있다면 얼마나 좋을까?'

이런 생각을 할 때면 올리버의 표정은 몹시 어두워져 갔다. 그 날도 로즈 양이 올리버가 있는 방을 찾아왔다.

"올리버, 오늘은 기분이 어떠니?"

"응, 좋아."

"어머, 너 울었니?"

"아니, 내가 왜 울어. 이렇게 좋은 집에서 친절한 사람들 곁에서 살고 있는데."

로즈 양은 이제 올리버의 표정만 봐도 무슨 일이 있었다는 것쯤은 대강 알 수 있었다. 그만큼 친해진 것이다.

"말해 봐. 내가 도울 수 있는 일일지도 모르잖아."

"사실은 조금 전까지 다른 사람 생각을 좀 하고 있었어."

"구빈원에 있었을 때 알고 지내던 사람들 말이니?"

"아니. 내가 소매치기를 나가던 날 만난 친절한 할아버지 생각을 했어. 날 악의 구렁텅이에서 구해 준 아주 좋은 분이야."

"옳아, 그분이 보고 싶은 거로구나. 그 일이라면 그렇게 어려울 게 없어. 이제 네 몸은 많이 회복되었어. 며칠 있다가 로즈번 선생님께 부탁드려 볼게."

"정말이야? 그 할아버지를 만나 볼 수 있다는 게."

올리버는 두 손을 번쩍 들어 만세를 불렀다. 로즈 양은 갑자기 밝아진 올리버를 바라보며 미소를 지었다.

"하지만……"

"올리버, 왜 또 무슨 문제가 있니?"

"어쩌면 그 할아버지는 나를 만나는 것을 거절할지도 몰라. 난 그분에게 아주 나쁜 짓을 하고 그 집을 떠난 셈이 됐거든."

"그 일에 관한 이야기라면 지난번에 네게 모두 들어서 잘 알고 있어. 그렇게 된 것은 네 잘못이 아니야. 그 소매치기 떼들이 일을 그렇게 만들어 놓은 거야."

"……."

"내 말 믿어. 그 할아버지에게 그간의 사정 이야기를 잘 말씀드리면 반드시 너를 만나는 것을 기뻐하실 거야."

그제야 올리버는 브라운로 씨를 만나는 것을 두려워하지 않았다. 로즈 양의 약속대로 며칠이 지나자, 올리버는 로즈번 씨와 함께 브라운로 씨 댁을 찾아 떠났다. 한참 마차가 속력을 내서 달려갈 즈음 올리버는 갑자기 소리를 질렀다.

"잠깐! 저 집이에요. 저 집……."

"무슨 소리냐?"

"메일리 부인의 집을 털러 오던 날, 하루를 묵었던 그 집이에요!"

"그래?"

로즈번 씨는 마부에게 잠시 멈추라고 당부한 뒤, 마차에서 내렸다.

"올리버, 넌 여기 가만 있거라. 나 혼자 다녀오마."

"선생님, 위험하지 않을까요?"

"괜찮아. 무슨 일이 있으면 손으로 신호를 할 테니 걱정 마라."

곧장 사이크스와 그 패거리들이 머물렀던 곳으로 달려간 로즈번 씨는 그 집 문을 꽝꽝 두드렸다.

"어서 문 열어!"

그러자 등이 곱은 꼽추가 얼굴을 내밀며 인상을 썼다.

"누군데 이 소란이야?"

"이 집에 몇 명이나 도둑놈을 숨겨 두었지? 경찰에 신고를 하고 왔으니 어서 사이크스란 놈을 끌어 내시지."

"지금 무슨 헛소리를 하는 거야? 사이클인지 사이크스인지 하는 놈은 또 뭐야. 내가 이 곳에 산 지가 10년이 훨씬 넘었어."

그 집 주인인 꼽추가 대들며 욕을 하자 순간 로즈번 씨는 당황했다. 열린 문으로 집 안을 대강 살펴본 로즈번 씨는 올리버의 말과는 다르다는 것을 알아챘다.

"이거 미안하게 됐구려. 제가 잠시 착각한 것 같군요."

"쳇, 별 희한한 사람 다 봤군. 난데없이 뛰어들어 도둑놈을 내놓으라고 하더니 이제 와서는 잘못 봤다고 하니……."

로즈번 씨는 머리를 조아려 사과의 말을 전하고 돈을 쥐어 주었다. 꼽추는 그제야 화가 풀리는지 다소 누그러졌다.

"다시는 이러지 마시오. 그래도 나나되니까 그냥 넘어가 주는 거요."

"실례했습니다."

얼른 그 자리를 피해 올리버가 기다리는 마차로 돌아온 로즈번 씨는 고개를 갸우뚱거렸다.

"어떻게 됐나요? 사이크스가 그 집에 있었나요?"

"올리버, 아무래도 네가 잘못 본 모양이구나. 그 집에는 사람이 있는 것 같지도 않고, 단지 몸이 불편한 꼽추가 있었어."

"그럴 리가?"

"아마 이 곳에 처음 온 네가 헷갈린 듯하구나. 자, 이제 그만 브라운로 씨의 집을 향해 출발하자."

다시 마차가 속력을 내어 달렸다. 하지만 올리버는 조금 전 일이 여전히 의심스러웠다.

'저 집이 틀림없는데, 다른 사람이 살고 있다니 어떻게 된 걸까?'

마음이 어지러운 올리버는 그만 생각을 접고 브라운로 씨를 만날 생각을 했다. 이윽고 마차는 올리버가 가리키는 곳에 멈춰 섰다.

"저기 보이는 집이 브라운로 씨 댁이에요."

마차에서 내린 올리버와 로즈번 씨는 급히 브라운로 씨 댁을 향해 발걸음을 재촉했다.

"앗, 이게 뭐야!"

애써서 찾아온 집 앞에는 '세 놓음'이란 푯말이 달려 있었다. 갑자기 올리버의 얼굴이 하얗게 변하더니 그 자리에 털썩 주저앉고 말았다.

"이제 겨우 할아버지를 찾아왔는데……."

"올리버, 잠시 여기서 기다리거라. 옆집에 가서 좀더 자세한 걸 알아봐야겠다."

혹시 다른 소식이라도 들을까 싶어 부랴부랴 옆집으로 달려간 로즈번 씨는 초인종을 눌렀다.

"누구세요?"

이웃집 하인 한 명이 나와 무슨 일이냐고 묻자, 로즈번 씨는 브라운로 씨 댁에 대해 아는 것이 있으면 알려 달라고 부탁했다.

"그분이라면 몇 달 전에 서인도로 떠나셨어요."

"언제 다시 돌아온다는 말은 없었나요?"

"집안 식구가 모두 떠났기 때문에 그 뒤의 소식은 듣질 못했어요."

"그렇군요. 친절하게 대답해 주셔서 감사합니다."

다시 마음을 졸이고 기다리고 있던 올리버에게 돌아온 로즈번 씨는 이웃집 하인에게서 전해 들은 그대로 전해 주었다.

"아, 앞으로 브라운로 씨를 만날 가망은 없는 거로군요."

"지금 당장은 어렵겠지만 앞으로 기회가 있을지도 모르잖니? 자, 어서 그만 집으로 돌아가자. 메일리 부인과 로즈 양이 눈이 빠지게 기다리고 있겠다."

울적한 마음을 안고 다시 메일리 부인의 집으로 돌아온 올리버는, 다시 그 곳 생활에 익숙해져 갔다.

이제 추운 날씨도 점점 풀리고 따사로운 햇살이 집 안에 머무르는 시간이 더 길어질 즈음, 로즈 양이 새로운 소식을 전했다.

"올리버! 아주머니께서 당분간 시골 별장에 가 있자고 하시는구나. 몸이 허약한 너에게도 그 곳이 훨씬 나을 거야."

"저도 데려가 주시는 건가요?"

"물론이지."

귀중한 물건은 안전한 은행에 맡기고, 하인들은 여전히 이 곳에 남아 집을 관리하기로 했다. 메일리 부인과 로즈 양, 올리버는 필요한 물건을 챙겨 시골로 떠났다.

"와, 마치 그림 속에 나오는 곳 같아요."

드넓은 벌판, 향기로운 풀 냄새, 상쾌한 공기는 올리버의 막혔던 마음 속까지 훤히 뚫어줄 만큼 신선했다.

그 곳에서 올리버는 산책을 즐기고, 읽고 싶은 책을 마음껏 읽기도 했다. 그 곳 생활이 어느 정도 몸에 익어갈 무렵 로즈 양이 올리버에게 한 가지 제안을 했다.

"내가 가르쳐 줄 수 있는 것으로는 부족하니, 이 곳에 계신 목사님께 부족한 공부를 배우도록 하는 게 어떻겠니?"

"좋아요. 그럼 언제부터 시작하는 거죠?"

올리버는 별장에서 지내는 동안에도 게으름을 피우지 않았다. 역사, 글짓기, 수학 등 그 동안 접해 보지 못한 공부란 것에 흥미를 느끼고 열심히 했다.

남는 시간에는 두 여인과 함께 있거나 정원을 가꾸는 일도 했다.

"로즈, 저 애를 보고 있으면 환경이라는 것이 얼마나 중요한 것인가 새삼 깨닫게 돼."

"아주머니도 그렇게 생각하고 계셨군요."

"그렇단다. 올리버는 새로 시작한 공부도 기특하게 잘해 내고 있을뿐더러 집안 일을 돌보는 것을 즐겁게 하고 있지 않니? 요새 그 아이를 바라볼 때면 우리 집에 처음 온 그 때와는 많이 변한 모습을 볼 수 있어 참 흐뭇해."

"맞아요. 지금의 올리버를 누가 무시무시한 일들을 겪어 낸 아이라고 하겠어요? 그냥 가문 좋은 곳에서 자란 도련님 같아요."

메일리 부인과 로즈 양은 함께 저녁식사를 준비하면서 이야기를 나누었다. 잠시 후, 돌아온 올리버와 함께 즐거운 식사를 끝낸 다음 로즈 양은 피아노 연주를 시작했다.

'로즈 누나의 연주 솜씨는 대단해. 저 소리를 듣고 있으면 마음이 평온해지는 걸 느낄 수 있어.'

올리버는 일요일이 되면 두 사람과 함께 교회에 가 예배드리는 일을 잊지 않았다.

'하느님, 정말 감사합니다. 저 같은 아이에게도 행복이라는 걸 깨닫게 해 주시다니, 하느님의 어린양 고개 숙여 기도드립니다. 앞으로도 하느님의 뜻에 어긋남이 없게 살도록 노력하겠습니다.'

그렇게 봄이 지나가고 한여름이 되었다. 그러던 어느 날, 로즈 양이 몸이 좋지 않다며 방 안에서 나오질 않았다.

"웬일이지? 아가씨가 몸이 많이 아픈 모양인데."

메일리 부인과 올리버의 정성스런 간호에도 불구하고 로즈 양의 병세는 좀처럼 나아지질 않았다.

"이거 큰일이로구나. 로즈의 병세가 나을 기미를 보이지 않으니 말이야. 안 되겠다. 올리버, 네가 심부름을 다녀와야겠다."

곧 편지 한 통을 쓴 메일리 부인은 올리버에게 당부의 말을 했다.

"이건 로즈번 의사 선생님께 보내는 편지란다. 이 곳에서 좀 떨어진 곳에 시장이 있는데, 그 근처에 조지 여관이라고 쓰여진 곳에 들어가 주인에게 이걸 전해 주고 오면 된다."

"그럼 다녀오겠습니다."

즉시 사람들의 왕래가 많은 읍내로 접어들어 조지 여관을 찾은 올리버는 서둘러 메일리 부인의 말을 전한 뒤 편지를 내밀었다.

"급한 일이니 서둘러 주세요."

"알았다. 곧 사람을 보내도록 하겠으니 염려 말고 돌아가 있거라."

감사의 인사를 하고 막 뒤돌아서 나오려는데 그만 웬 남자와 부딪치고 말았다.

"아, 죄송합니다. 제가 너무 급한 길이라 실수를 했군요."

자신과 부딪힌 남자에게 고개를 숙여 사과를 하고 머리를 드는 순간, 올리버는 깜짝 놀라 뒤로 한 걸음 물러섰다.

그 사나이 역시 마치 올리버를 아는 듯이 당황하는 눈치였다.

"이 녀석이 아직……."

낯선 사나이는 이렇게 중얼거리고는 올리버를 무서운 눈으로 쏘아보았다. 마치 자신을 죽일 것처럼 표독스럽게 쏘아보는 사나이의 눈빛에 질린 올리버는 서둘러 그 곳을 나오려고 했다.

"으으으……."

그러자 낯선 사나이는 입에 거품을 물고 그대로 땅바닥에 쓰러졌다.

"큰일났어요. 여기 사람이 쓰러졌어요!"

잠시 후, 여관에서 일하던 사람들이 나타나 그를 업고 가는 것을 지켜보고 올리버는 그 곳을 떠났다.

'정말 무서운 사람이야. 게다가 무슨 병에 걸려 있는 것 같아.'

며칠 뒤, 로즈번 씨가 별장에 도착했다. 그 동안에도 로즈 양의 병은 여전히 좋지 않은 상태였다.

"어떤가요? 로즈의 병이 심상치 않은 것 같은데."

"글쎄요. 지금 당장 어떻다고 말씀드리기는 어렵습니다. 하지만 쉽지는 않을 것 같군요."

곁에서 두 사람의 이야기를 들은 올리버는 큰 충격을 받았다.

'그럼 로즈 누나가 앞으로 영영 깨어날 수 없단 말인가?'

올리버는 자신의 방으로 돌아와 두 손을 모아 기도를 올렸다.

"하느님, 로즈 누나에게 잘못이 있다면 저에게 벌을 내려 주십시오. 누나처럼 착한 마음씨를 가진 사람은 그리 많지 않을 것입니다. 부디

한순간이라도 잘못된 길을 걸었던 저를 데려가시고 착한 누나에게는 은혜를 베풀어 주십시오."

진심으로 기도를 올린 올리버는 울다가 지쳐 잠이 들고 말았다. 다음 날 날이 밝자, 올리버는 로즈 누나가 있는 곳으로 조용히 들어갔다.

'아, 저렇게 아름답고 착한 누나가 나쁜 병에 걸려 고통을 받다니.'

올리버는 소매를 들어 흐르는 눈물을 쓱 닦아 버리고 살며시 누나의 손을 잡았다.

"로즈 누나, 빨리 일어나서 이 예쁜 손으로 피아노를 연주해 줘요."

그리고 혹시라도 누나의 잠이 깰까 봐 살며시 그 곳을 빠져 나왔다. 메일리 부인 역시 로즈 양의 병이 걱정되어 로즈번 의사를 찾았다.

"좀 어떤가요?"

"신의 은총이 로즈 양에게도 미친 모양입니다. 오늘에야 비로소 열이 내리고 안정을 되찾았습니다."

"어머, 다행이에요."

메일리 부인은 로즈번 의사에게 오랜만에 환한 미소를 지었다. 시간 이 갈수록 로즈 양의 몸은 빠른 속도로 회복되어 갔다. 이제 별장에도 다시 웃음이 피어났고, 즐거운 생활이 다시 찾아왔다.

그러던 어느 날, 올리버는 창가에 앉아 책을 읽다가 그만 잠이 들고 말았다. 소매치기 소굴이 나타나고 경찰들이 보이는 등 사나운 꿈에 시 달리던 올리버는 그만 잠이 깨고 말았다.

"저 놈이 우리가 찾던 녀석이 맞아."

"흠, 정말 끈질긴 녀석이로군. 아직도 이렇게 훌륭한 곳에서 살고 있 다니 말이야."

"이제 독 안에 든 쥐로군."

창가에 두 사람은 안락의자에 앉아 있는 올리버를 바라보며 속닥이고 있었다. 방금 잠에서 깬 올리버는 그들의 얼굴을 단숨에 알아봤다.

'저 사람은 페긴 영감이야. 그 옆에 있는 사람은 어디서 본 적이 있는 데. 아, 맞아. 조지 여관에 심부름 갔을 적에 나와 부딪힌 그 사람이 틀림없어.'

올리버는 꿈이 아닐까 생각했지만 그들은 잠시 동안 그 곳에서 꼼짝하지 않았다. 이것이 현실이라는 걸 깨닫는 순간, 올리버는 온몸이 떨려왔다.

"악! 사람 살려."

그 소리에 별장 안에 있던 사람들이 우르르 몰려왔다. 집안에 소동이 일어난 것을 눈치챈 창가의 낯선 사람들은 어디론지 사라져 버렸다.

"저, 저기 페긴 영감이 왔어요."

"어디……."

모두들 올리버가 가리키는 대로 창가를 아무리 살펴보았지만, 아무것도 발견할 수 없었다.

"아무래도 네가 악몽을 꾼 것 같다. 사람의 흔적이라곤 아무것도 찾을 수가 없는걸."

"아니에요. 틀림없이 두 사람이 나를 지켜보고 있었단 말이에요. 소매치기 악당 페긴 영감과 조지 여관에서 본 낯선 사나이였어요."

"그럼, 날이 밝는 대로 사람을 시켜 알아보기로 하자."

하지만 그 사람들의 행방은 찾을 수가 없었다. 올리버는 그 뒤에도 그날 밤 일을 잊지 못하고 두려움에 떨었다.

"올리버, 이제 괜찮을 거야. 아마 네가 그 동안 나를 간호하느라 몸이 쇠약해져서 헛것을 본 걸 거야. 안심하고 마음 편히 지내도록 해."

로즈 양은 올리버를 위로하며 다독였다. 그리고 얼마 후 그 일은 올리버의 관심을 끄는 새로운 사건이 생김으로 해서 그만 잊혀졌다.

메일리 부인의 아들인 해리가 로즈 양에게 큰 관심을 가지고 있었던 것이다. 해리는 로즈 양과 친하게 지내고 있는 올리버를 찾아 자신의 감정을 이야기했다.

"상냥하고 예쁜 로즈 양을 처음 본 순간 난 그만 반해 버렸어. 그 뒤로 얼마 동안 지켜본 다음, 그녀에게 청혼을 했지."

"와, 멋있어요. 물론 로즈 누나는 청혼을 받아들였지요?"

"아니, 거절당했단다."

"예? 로즈 누나도 해리를 싫어하는 눈치는 아니던데."

해리는 그만 한숨을 내쉬며 힘들어했다.

"네 말이 맞아. 그녀는 일부러 나를 피하고 있어. 아마 자신의 처지가 나와는 맞지 않다고 생각하는 모양이야. 어머니도 별로 찬성하는 눈치는 아니고 하니까 말이야."

"흠, 로즈 양은 다른 사람들에게 피해를 주는 걸 아주 싫어하는 사람이니까 자신의 감정을 숨기고 그랬을 거라 생각해."

두 사람의 일이 쉽지 않다는 걸 어렴풋이 느끼면서도 올리버는 두 사람이 참 잘 어울린다는 생각을 했다.

해리는 별장에 온 지 얼마 되지 않아 급한 일이 생겨 그 곳을 떠났다.

멍크스의 계략

구빈원에서 생활하던 올리버가 아직도 기억할 만한 사람들 중에 책임자로 있던 코니는 비밀 하나를 간직하고 있었다.

그녀는 아직도 자신의 배만 채우는 악독한 여자였지만, 남들 앞에서는 한없이 너그러운 척했다. 특히 서기 노릇을 하고 있는 범블이 구빈원에 들를 때면 입에 침이 마르게 그의 업적을 칭찬해 주곤 했다.

몹시 추운 어느 날, 한 늙은 노파가 코니의 방으로 뛰어들어왔다.

"어머, 무슨 일인데 노크도 없이 무례하게 들어오는 거죠?"

"코니, 큰일났어요."

"그렇게 허둥대지 말고 천천히 이야기해 보세요."

노파가 당황해하는 걸 보고 분명 귀찮은 일이 생긴 거라고 짐작했다.

"샐리 할멈이 아무래도 오늘밤을 넘기지 못할 것 같아요."

"알았어요. 먼저 가 계세요."

급하다는 전갈에도 아랑곳하지 않던 코니가 잠시 후에 샐리 할멈이 있는 곳으로 들어왔다. 그녀는 인사치레로 이렇게 물었다.

"몸은 좀 어떠세요?"

"코니, 할말이 있어. 당신과 나만 있었으면 좋겠어."

결국 샐리 할머니를 걱정해 주던 사람들은 마지막 유언이 될지도 모른다는 생각에 말없이 그 자리를 비켜 주었다.

"자, 이제 이야기해 보세요."

"죽기 전에 꼭 해야 할 말이 있어. 아마 코니도 기억할 거야. 10년도 더 된 것 같은데, 이 곳에서 웬 여자가 애를 낳고 죽은 적이 있었지. 불쌍한 마음에 그 여자 곁에서 정성스럽게 간호를 해 주었더니 나를 믿는 눈치였어."

샐리 할머니가 힘들게 한 마디 한 마디 하는 이야기를 코니는 건성으로 듣고 있었다.

"그 여자가 죽을 때 상자 하나를 내게 건네주면서 나중에 아이에게 주라고 하더군. 그렇게 하겠다고 약속을 한 뒤, 여자는 숨을 거두고 말았어. 나는 호기심이 들어 여자가 남긴 상자를 몰래 열어보았어. 그 속에는……."

갑자기 코니의 얼굴이 환해지며 침을 꼴깍 삼켰다.

"그래, 그 속에는 뭐가 있었나요?"

"금이었어. 난 그게 탐이 나서 여직 간직하고 있었어."

"옛? 금이라고요?"

"부디 그 상자가 그 여자가 낳은 어린아이의 핏줄을 찾는 데 도움이 될지도 모르니 잘 간직하고 있다가 그 아이에게 돌려주도록 해."

샐리 할머니는 마지막 유언을 남긴 채 그만 숨을 거두고 말았다. 코니는 곧장 상자를 찾아 내서 깊숙한 곳에 감추었다.

그 뒤, 코니는 구빈원을 나와 양육원을 하나 차렸다. 범블이 찾아와 축하의 말을 전했다.

"대단하군요. 여자 혼자 몸으로 이렇게 어려운 일을 하다니."

"호호, 앞으로 범블 씨가 이 양육원을 많이 도와주셔야겠어요."

"그럴 필요가 없습니다."

"어머, 무슨 소리죠?"

"오랫동안 해왔던 빈민 담당 서기 노릇을 이제 그만두었답니다."

그 말을 듣는 순간 코니의 얼굴이 얼음장처럼 차가워졌다.

'이런, 그럼 이제부터 이 사람에게 아첨할 필요가 없겠군. 아유, 미련하게 그 좋은 직장을 그만두다니.'

범블은 그녀가 어떻게 생각하는지 아랑곳 않고 대뜸 이렇게 말했다.

"그전부터 코니 양을 사랑하고 있었소. 내 청혼을 받아 주시오."

"난데없이 무슨 소리죠?"

"나를 거절한다면 내게도 생각이 있소. 구빈원에 있을 때 잘못한 일을 윗사람에게 모두 보고한다면 아마 당신은 감옥에 가게 될 거야. 게다가 얼마 전에는 유언으로 남긴 상자까지 꿀꺽하신 모양이던데."

"아니, 그걸 어떻게?"

"훗, 나를 우습게 보면 큰코 다치지."

직장을 잃어버린 범블은, 매력적이지는 않지만 강한 생활력과 얼마간의 재산도 가지고 있는 코니가 적당한 배우자라고 생각했다.

결국 코니의 약점을 잡아 범블은 그녀와 결혼을 할 수 있었다. 범블은 때때로 사람들이 자신을 대하는 태도가 예전 같지 않다는 걸 느끼고 외로움에 시달렸다.

'아, 사람들이 나에게 친절히 대한 것은 내가 지닌 직업 때문이었구나. 이제 아무것도 아닌 나는 저들에게 아무런 가치가 없는 거로군.'

그런 생각이 들자 범블은 괴로운 생각에 술집에 들러 술을 마시는 시간이 많아졌다.

이 즈음 멍크스는 올리버에 대한 흔적을 찾기 위해 구빈원을 찾아갔다. 그 곳에서 범블과 코니의 결혼 소식을 들었다.

'두 사람은 올리버와 지낸 시간이 많으니 틀림없이 뭔가 알고 있는 게 있을 거야. 우선 멍청해 보이는 범블의 뒤를 쫓자.'

멍크스는 범블이 자주 다니는 술집을 알아두고 미리 가서 앉아 있었다. 아니나다를까, 곧 축 늘어진 어깨의 범블이 술집 안으로 들어섰다.

"휴."

한숨을 내쉬며 술잔을 기울이는 범블 곁에 다가간 멍크스는 가만히 말을 걸었다.

"실례합니다만 옆자리에 앉아도 될까요?"

"마음대로 하시오. 그런데 처음 보는 얼굴인데? 난 이 곳에 산 지가 꽤 오래 돼서 웬만한 사람은 거의 눈에 익은데 말이오."

"예, 맞습니다. 이 곳에 뭘 좀 알아보려고 찾아왔습니다. 혹시 올리버라는 아이에 대해 아시는 게 있습니까?"

"옛? 올리버라구요?"

소스라치게 놀란 범블은 손에 든 술잔을 그만 떨어뜨리고 말았다.

"쨍그랑!"

"아이구 저런! 다치지 않으셨습니까?"

"아, 아닙니다. 괜찮습니다. 그런데 올리버는 왜 찾으시는 거죠?"

"사실은 올리버를 찾는 게 아니고 그 아이의 엄마가 남긴 유품의 행방을 알아보고 있는 중이오. 만약 당신이 그것에 대해 알고 있다면 많은 돈을 드리겠소."

돈을 준다는 멍크스의 말에 범블의 귀가 번쩍 띄었다.

"호, 혹시 내 아내가 알고 있을지도 몰라요. 만약 그 물건을 넘겨준다면 틀림없이 약속한 돈을 주시겠소?"

"물론이오. 그럼 내일 이 자리에서 봅시다."

그길로 범블은 아내에게 가 낯선 사나이에게서 들은 말을 전했다.

"어머, 그게 정말이에요? 언젠가 샐리 할멈이 죽으면서 남긴 상자가 하나 있기는 한데."

"그래? 어서 가져와. 그 자 말이 돈은 달라는 대로 주겠다고 했어."

코니는 상자 안에 들었던 금은 벌써 써 버리고 남은 물건만 간직하고 있었다. 범블은 약속 장소에 코니가 준 주머니를 들고 나타났다.

"여기 있소. 자, 약속대로 돈을 주시오."

"원, 성미도 급하시군. 우선 물건이 맞는지 확인해 보겠소."

떨리는 마음을 가라앉히고 멍크스는 주머니를 천천히 열어보았다. 거기에는 금으로 된 로켓(사진 등을 넣고 목에 걸고 다니는 것)이 들어 있었다. 거기에 아그네스란 이름이 선명히 찍혀 있었다.

'틀림없군. 올리버의 출생에 대한 흔적은 모두 지워 버려야 해.'

멍크스의 입가에 흡족한 미소가 떠올랐다.

"뭐 하는 거요? 난 바쁘니까 어서 돈을 주시오."

혹시라도 이런 하찮은 물건을 가져왔다고 돈을 주지 않을까 봐 범블은 내심 초조했다.

"자, 여기 있소. 이 정도면 이 물건값으로 충분할 거요."

"아니, 이건 약속한 금액과 다르지 않소?"

"흠, 그걸로 만족하지 못하시겠다? 당신과 부인이 그 동안 구빈원에서 저지른 비리를 높으신 양반들에게 모두 폭로한다면 재미있겠군."

"이런, 망할 자식!"

범블은 얼굴이 새파래지며 멍크스가 던진 돈주머니를 얼른 호주머니에 집어넣고 술집을 나가 버렸다. 멍크스는 범블에게서 건네 받은 주머니를 들고 밖으로 나왔다.

"자, 이제 모든 건 끝난 거야."

멍크스는 주저하지 않고 주머니를 강물로 힘껏 던졌다.

"하하하하!"

낸시의 도움

한편, 메일리 부인의 집을 노렸다가 성공하지 못한 사이크스는 아무도 눈치채지 못할 으슥한 곳에 몸을 숨겼다.

혹시라도 경찰이 추격해올까 봐 잔뜩 겁을 집어먹은 사이크스는, 먹을 것도 제대로 챙겨먹지 못해 결국 병이 들고 말았다. 어느 정도 시간이 흐르자 그는 몸을 추스린 뒤, 낸시를 찾아갔다.

"아니, 이게 어찌 된 일이에요? 그 동안 어디서 지냈나요?"

"그런 이야기는 나중에 하기로 하고, 우선 내가 있는 곳을 알려 줄 테니 그리로 오도록 해."

인정 많은 낸시는 몸이 허약해진 사이크스를 보자 안쓰러운 마음이 들었다. 집에 있는 음식을 챙겨 사이크스가 있는 곳으로 가서는 그를 간호했다.

며칠이 지나자, 페긴 영감도 사이크스가 집을 옮긴 사실을 알게 되었다. 몇 가지 음식을 사들고 오랜만에 사이크스를 찾아 나섰다.

"참, 빨리도 오는군. 인정머리 없는 사람들 같으니라고."

"이게 무슨 소리야! 그 동안 목이 빠지게 기다리고 있는 사람에게 소식 한 번 전하지 않은 게 누군데."

"그런가? 그런데 한 가지 부탁이 있어."

눈치 빠른 페긴 영감은 사이크스가 말하려는 게 뭔지 알아챘다.

"자네 돈이 필요한 모양이군. 이따가 낸시를 보내 주게."

"내 속을 훤히 꿰뚫어 보고 있군. 몸이 아파 일을 하지 못하니 돈을 좀 많이 주게. 나중에 배로 갚아 줄 테니."

페긴 영감은 사이크스에게 돈을 주는 것이 별로 내키지는 않았지만 그의 성미를 잘 알고 있는 터라 할 수 없었다.

몇 마디 이야기를 주고받던 페긴은 간단한 인사를 나눈 뒤 집으로 돌아가려고 자리에서 일어섰다.

  "그럼, 몸조리 잘 하게."

  "잘 가시오. 페긴 영감."

  낸시도 페긴 영감의 뒤를 따라 나섰다. 집에 도착하자 페긴 영감이 이층으로 올라가며 일렀다.

  "여기서 잠깐 기다려. 금고에 가서 돈을 가져올 테니."

  "예."

  페긴 영감이 자리를 뜬 사이에 밖에서 누가 벨을 눌렀다.

  '어머, 누가 왔나 봐.'

  낸시는 급히 페긴 영감을 불러 밖에 손님이 온 것 같다고 전했다.

  "멍크스, 어서 오게. 그래 갔던 일은 잘 되었나?"

  "그런대로. 지금 나와 올리버 이야기를 좀 할 수 있소?"

  그러자 페긴 영감은 낸시의 눈치를 살피더니, 이내 고개를 끄덕였다.

  "자, 저리로 올라갑시다. 낸시, 아직 돈을 다 챙기지 못했으니까, 조금만 더 여기에서 기다려. 금방 내려올게."

  "괜찮아요. 전 여기 있는 책을 보고 있을 테니까."

  두 사람은 재빨리 이층으로 올라가 문을 쾅 닫았다.

  '누구지? 처음 보는 사람인데. 분명 올리버의 일로 온 사람 같은데. 아, 그 애는 지금쯤 어떻게 되었을까?'

  갑자기 올리버의 일이 떠오른 그녀는 죄책감에 사로잡혀 괴로웠다.

  '그래, 혹시 저들의 이야기를 엿들으면 무슨 소식을 들을지도 몰라.'

  낸시는 살금살금 발뒤꿈치를 들고 도둑고양이처럼 몰래 이층으로 올라갔다. 그리고는 문에서 흘러나오는 이야기를 엿들었다.

  '앗, 저들이 나오려는 모양인데!'

잠시 동안 그들의 비밀 이야기를 엿들은 낸시는 서둘러 아래층으로 내려와 책을 보고 있는 척했다. 멍크스라는 사나이는 페긴 영감에게 간단한 인사를 한 뒤, 서둘러 돌아갔다.

"낸시, 오래 기다렸지. 자, 여기 돈 받아."

"고마워요. 그럼 이만 가 볼게요."

뒤돌아서서 재빨리 그 곳을 떠나는 낸시의 뒷모습을 본 페긴 영감은 고개를 갸웃거렸다.

'이상하군. 낸시가 왜 저렇게 허둥대는 걸까? 혹시 멍크스와 나눈 이야기를 엿들은 건 아니겠지.'

곧장 앞을 보고 걷던 낸시는 갑자기 맥이 탁 풀리는 것 같았다.

'아, 지금 내가 무슨 이야기를 들은 걸까? 올리버에게 그런 비밀이 있었다니.'

낸시는 마음을 진정시키기 위해 여기저기를 쏘다니다가 사이크스의 집으로 발길을 옮겼다.

"왜 이제 온 거야? 난 또 돈을 갖고 도망친 줄 알았지."

"자, 받으세요."

낸시가 내민 돈을 받아든 사이크스는 그제야 싱글벙글 웃었다.

"수고했어. 아, 이제야 살 것 같군."

사이크스는 낸시가 해 주는 식사를 맛있게 먹고는 금방 곯아떨어졌다. 그녀는 기다렸다는 듯이 서둘러 옷을 챙겨 입고 그 곳을 나와 어디론가 급히 걸어갔다.

한참을 쉬지 않고 걷고 있던 그녀가 당도한 곳은 훌륭한 호텔 앞이었다. 잠시 그 곳에서 망설이던 낸시는 이내 결심한 듯이 호텔 문을 열고 들어섰다.

"어떻게 오셨나요?"

"사람을 찾으려고 하는데, 이름은 로즈라고 합니다."

"무슨 일로 그러시죠?"

"로즈 양을 직접 뵙고 드릴 말씀이 있습니다. 꼭 좀 부탁합니다."

"잠시만 기다리십시오. 그분이 만날 의사가 있는지 알아보겠습니다."

잠시 후, 낸시는 호텔 응접실에서 로즈 양을 만날 수가 있었다. 첫눈에도 로즈 양은 품위가 있어 보이는 아름다운 숙녀였다.

"안녕하세요? 로즈라고 합니다만 무슨 일로 저를 찾으셨나요?"

"아, 그럼 제 소개부터 해야겠군요. 저는 올리버라는 아이를 악의 구렁텅이에 빠뜨리려는 사람들을 도와 함께 일을 했어요."

"옛? 올리버를 아신다고요?"

로즈 양은 뜻하지 않은 이야기에 당황스러웠다.

"그렇습니다. 언젠가 올리버가 어떤 노신사의 집에서 잘 지내고 있는 것을 기회를 틈타 소매치기 악당 페긴 영감님의 집에 데려다 준 장본인입니다."

"당신의 이름이 혹시?"

"예, 낸시라고 합니다. 아마 올리버에게서 들었을지도 모르겠군요."

"맞아요, 하지만 올리버는 당신을 나쁜 여자라고 하지 않았어요. 오히려 자신이 사이크스와 페긴 영감에게 혼이 날 때 곁에서 도와준 착한 누나라고 했어요."

낸시의 눈에 눈물이 맺혔다. 그러자 로즈 양이 아무 말 없이 낸시의 손을 잡아 주었다.

"이런, 내 정신 좀 봐. 내가 이 곳에 온 목적을 깜빡 잊고 있었네. 로즈 아가씨, 혹시 멍크스라는 이름을 들어 보신 적이 있나요?"

"그런 이름은 처음 듣는데."

"그 사람은 아가씨에 대해 잘 알고 있는 눈치던데. 이 곳에 아가씨가 있다는 사실도 그 사람이 페긴 영감에게 하는 이야기를 엿듣고 알게 되었어요."

"또 다른 말은 없었나요?"

분명 심상치 않은 일이라는 것을 직감한 로즈 양은 다급하게 물었다.

"그들이 나눈 대화는 똑똑히 잘 들리지 않았지만 대강 이런 거였어요. 멍크스라는 그 사람이 올리버의 출생을 증명할 마지막 증거물까지 깨끗이 처리해 버렸으니, 이제 남은 것은 그 아이를 감옥에 가두는 일뿐이라며 '불쌍한 내 동생' 하고 말하면서 마구 웃어 댔어요."

"아, 무서운 이야기로군요. 그들은 올리버의 행방을 늘 뒤쫓고 있었던 것 같군요. 그런데 한 가지 의심나는 것이 있어요."

"말씀하세요."

"분명 그 사나이가 올리버를 동생이라고 했나요?"

"이 두 귀로 똑똑히 들었어요. 그 말은 멍크스가 외치듯 말했기 때문에 잘못 들은 건 아닐 거예요. 이제 제가 들은 이야기 전부예요."

놀라운 이야기에 잠시 정신을 차릴 수 없었던 로즈 양은 그제야 낸시에게 고마움을 표시했다.

"고마워요. 이렇게 위험을 무릅쓰고 올리버를 위해 애써 주시다니."

"뭘요……. 그럼, 이제 돌아가 봐야겠군요."

"아니, 어디로 가신단 말이에요? 낸시 양. 당신이 다시 그 곳으로 돌아간다면 목숨이 위태로울 수도 있어요. 제가 낸시 양이 지낼 만한 곳을 마련해 드릴 게요."

그러자 낸시는 울음 섞인 목소리로 대답했다.

"말씀만 들어도 고맙군요. 그런 따뜻한 배려는 아무에게도 들어 보질 못했어요. 하지만, 전 그들에게 돌아가야만 해요. 이제 평범한 생활을 다시 시작하기에는 너무 늦어 버린걸요. 게다가 제 손길이 필요한 사람도 있어요."

안타까운 마음에 로즈 양은 몇 번 이 곳에 남아 주기를 청해 보았으나 낸시는 받아주질 않았다.

"그리고 앞으로 제가 도움이 될 만한 어떤 일이 있을지도 몰라요. 저를 만나려면 일요일 밤 11에서 12쯤 런던 다리 위로 오세요."

"아, 당신은 정말 좋은 사람이로군요. 자신이 위험한 지경에 처할지도 모르면서 다른 사람을 위해 그런 배려를 하다니. 제 작은 성의로 생각하고 받아 주세요."

로즈 양은 가지고 있던 약간의 돈을 건네주었다.

"아니, 받지 않겠어요. 저는 대가를 바라고 한 일이 아니에요. 그 동안 올리버에게 했던 짓을 사죄하려는 뜻으로 받아 주시기 바랍니다."

자리에서 일어난 낸시는 서둘러 그 곳을 빠져 나갔다. 그녀가 떠나고 난 뒤, 로즈 양은 머릿속이 혼란스러웠다.

"아, 이 일을 누구와 의논하면 좋을까? 로즈번 선생님은 성격이 급하셔서 당장 낸시와 그 일당을 잡아들이려고 할 텐데. 그러면 낸시가 난처한 일이 많을 거야."

메일리 부인과 함께 별장을 떠나 바닷가를 구경하기 위해 로즈 일행은 런던에 며칠 머물렀다.

다음 날 자일스와 함께 외출을 했던 올리버가 숨을 헐떡이며 뛰어들어왔다.

"로즈 누나!"

"어머, 올리버. 왜 이렇게 일찍 돌아왔니?"

"헉헉! 봤, 봤어요."

"이 땀 좀 봐, 무슨 일인데 이렇게 숨을 헉헉대며 서두르는 거니?"

로즈가 내미는 손수건으로 대충 땀을 닦은 올리버는 그제야 안정이 되는 듯했다.

"저를 친절하게 대해 주신 브라운로 씨를 런던 시내에서 봤어요."

"어머, 그게 정말이니?"

"처음엔 제 두 눈을 의심했어요. 하지만 분명히 그 분이 맞아요. 너무 떨려 아는 체를 할 수가 없어서 자일스에게 그분의 집을 알아봐 줄 것을 부탁했어요."

"아, 정말 잘된 일이야."

마치 아버지를 만난 것처럼 로즈 양도 올리버와 덩달아 기뻐했다.

'그래, 낸시에게서 들은 이야기를 브라운로 씨와 함께 의논해 보기로 하자.'

이렇게 작정한 로즈 양은 올리버와 함께 브라운로 씨의 집을 방문하기로 결정을 내렸다. 곧 마차가 준비되고, 그늘은 서둘러 호텔을 떠났다.

"아, 브라운로 씨를 만나면 난 무슨 말을 먼저 해야 할까?"

"너, 무척 긴장되어 있구나. 하긴 나 역시 어떤 분일까 하는 생각에 흥분이 되긴 해."

두 사람은 잠시 후, 자일스가 가르쳐 준 곳에 도착했다. 로즈 양이 먼저 마차에서 내렸다.

"로즈 누나, 난 여기 있을래요. 아무래도 누나 먼저 들어가 보는 게 나을 것 같아요."

"그럼, 내가 먼저 들어가서 그분을 만나 뵐 테니까 여기서 기다려."

그녀가 초인종을 눌러 안으로 들어가고 난 뒤, 올리버는 마차 안에서 초조한 마음으로 기다렸다.

"처음 뵙겠습니다. 저는 로즈 메일리라고 합니다."

"나를 찾아온 손님이 아가씨인가요?"

"그렇습니다, 브라운로 씨."

"여기를 찾아온 것은 다름이 아니라, 올리버에 관한 일을 의논드리려고 합니다. 그……."

올리버라는 이름이 로즈 양의 입에서 튀어나오기가 무섭게 브라운로 씨는 용수철처럼 펄쩍 뛰었다.

"지, 지금 올리버라고 하셨소?"

"예."

그러자 이제까지 브라운로 씨 옆에서 가만히 듣고 있던 친구 그림위그가 나서서 한 마디 했다.

"은혜도 모르는 녀석 같으니라고. 아가씨도 그 녀석에게 나쁜 일이라고 당한 거요? 흥, 그 녀석은 그러고도 남을 놈이야."

"이봐, 그림위그. 올리버는 그런 아이가 아니야. 필시 말 못 할 사정이 생겨서 그 날 이후 돌아오지 못한 거란 말일세."

"자네는 아직도 그 애를 두둔할 참인가. 당신 두 눈으로 똑똑히 보고도 믿지를 못하다니 말이야."

그 때, 로즈 양이 두 분에게 잠시 손짓을 하고는 말을 꺼냈다.

"역시 두 분도 올리버를 오해하고 계셨군요. 하지만 그 날 일은 어쩔 수 없는 일이었어요."

그녀는 자신이 알고 있는 모든 이야기를 두 분에게 자세하게 말했다. 낸시라는 여자가 그녀를 찾아왔던 일까지 빼놓지 않고 말했다.

"아, 내가 옳았어. 올리버는 결코 나쁜 아이가 아니었어. 그럼 그 아이는 지금 어디에 있나요?"

"지금 이 집 문 앞에 세워 둔 마차 안에 있어요."

"뭐라고, 그게 정말이오?"

브라운로 씨는 로즈 양의 말에 더 이상 기다릴 것도 없다는 듯이 서

둘러 현관으로 뛰쳐나갔다.

"아, 올리버!"

마차 안에서, 브라운로 씨가 만나 주지 않을까 봐 마음을 졸이며 기다리고 있던 올리버는 갑자기 나타난 할아버지의 모습을 보고 그만 기절할 뻔했다. 두 사람은 서로 부둥켜안고 감격의 눈물을 흘렸다.

"자, 어서 들어가자. 너를 보고 싶어하는 사람이 몇 명 더 있단다."

"아, 꿈만 같아요."

집 안에 들어선 올리버를 반기는 사람은 그림위그와 베드윈 아주머니였다. 올리버는 베드윈 아주머니의 치마폭으로 뛰어들었다.

"오, 이게 누구야? 올리버 네가 살아 있었구나."

"아주머니, 보고 싶었어요."

그림위그는 곁에서 이 모습을 바라보다가 그만 눈물을 흘리고 말았다. 올리버는 그림위그 씨에게도 정중히 인사를 한 뒤 지난날 잘못을 빌었다.

"아니, 올리버. 그건 네 잘못이 아니란다. 오히려 내가 그 동안 너를 많이 오해한 것 같구나. 미안하다."

다시 만난 그들은 쌓인 이야기를 나누며 행복한 시간을 가졌다. 브라운로 씨는 로즈 양에게 다가가 약속을 했다.

"로즈 양, 올리버의 문제를 메일리 부인의 일행과 함께 의논하기로 합시다. 저녁 여덟 시쯤에 내가 호텔로 가겠소."

약속 시간이 되자 메일리 부인, 로즈번, 로즈, 브라운로 씨가 한 자리에 모였다. 처음 본 그들은 서로 인사를 나누었다.

"세상에, 그런 일이 있었다니. 참으로 나쁜 사람들이로구나."

메일리 부인은 로즈의 이야기를 듣고 분을 참지 못했다. 로즈번 씨역시 주먹을 허공에 내뻗으며 흥분했다.

"그런 녀석들은 당장 감옥에 집어넣어서 뜨거운 맛을 보여 줘야 해."

"로즈번 선생, 이 문제는 그리 간단하지가 않은 것 같소."

"그게 무슨 소리죠?"

"이번 일은 올리버의 출생에 대한 비밀이 숨겨져 있소. 섣불리 그들을 건드렸다간 우리가 찾고자 하는 올리버의 부모님에 대한 비밀을 알아 낼 수가 없소. 그 열쇠를 쥐고 있는 멍크스란 자에 대해 비밀리에 알아보는 것이 좋을 것이오."

그제야 로즈번 씨는 끓어오르는 분노를 가라앉혔다.

"브라운로 씨 말씀이 옳습니다. 그럼 그 낸시라는 여자에게 그 자에 대한 행방을 쫓게 하는 게 어떨까요?"

"그게 좋겠소. 이번 일이 낸시에게 위험한 일이긴 하지만……."

이 때 메일리 부인이 여러 사람 앞에, 이번 일에 드는 모든 비용을 부담하겠다고 나섰다.

"그리고 당분간 이 일은 올리버에게 비밀로 하는 게 좋겠군요."

로즈 양이 마지막으로 이렇게 당부의 말을 하면서 회의는 끝이 났다.

그 즈음, 런던의 허름한 거리를 두 사람이 정처없이 걷고 있었다. 한 사람은 바로 올리버가 장의사에 있을 당시 틈만 나면 괴롭혀 온 노아였고, 또 한 사람은 그의 연인이 된 샬럿이었다.

샬럿은 시무룩한 얼굴로 노아를 향해 물었다.

"노아, 이제 앞으로 어떻게 하지?"

"장의사를 나온 지가 얼마나 됐다고 이렇게 보채는 거야. 아직 가게에서 훔쳐 가지고 온 돈이 남아 있는데 무슨 걱정이야."

"휴, 아직 일자리도 잡지 못하고 있으니 걱정이 되잖아. 다시 장의사로 돌아가자."

"무슨 소리야! 벌써 주인 아저씨가 경찰에 연락했을 텐데. 그 곳에 다시 돌아가면 감옥에 처박히게 될 게 뻔해!"

두 사람은 근처에 있는 허름한 술집을 찾아 들어갔다.

"자, 뭘 좀 먹자."

푸짐한 음식이 나오자 노아와 샬럿은 굶주린 사람처럼 먹어 댔다.

"샬럿, 걱정할 것 없어. 앞으로 이런 음식을 실컷 먹게 해 줄 테니까. 게다가 화려한 옷과 보석을 마음껏 갖도록 해 줄게."

"난데없이 무슨 뚱딴지 같은 소리야. 매번 식사를 걱정해야 하는 처지에 그게 무슨 꿈 같은 말이야!"

조금 전부터 그들 곁에 앉아 열심히 귀를 기울이고 있는 한 사나이가 있었다. 바로 유대 인 영감 페긴이었다. 그가 하는 일 중에 한 가지가 돈이 필요한 사람들을 꾀어 내어 자신의 밑에서 일을 하도록 만드는 것이었다.

'호, 여기 또 내 손길을 필요로 하는 사람들이 있군.'

그는 빙그레 웃고는 자리에서 일어나 그들 곁으로 다가갔다.

"안녕하신가?"

"누구시죠?"

"나를 불렀지 않나? 당신들 얼굴 표정을 보니 돈이 필요한 것 같은데. 내 말이 틀렸나? 난 힘든 일을 하지 않고 배불리 먹고사는 방법을 잘 알고 있는 사람인데……."

노아는 처음엔 경계하는 눈빛으로 말을 하지 않았지만, 이 노인이 자신이 원하는 일을 소개해 줄 수 있는 사람인 것 같아 이야기를 나누기 시작했다.

결국 노아와 샬럿은 페긴 영감의 부하가 되어 소매치기 일을 하게 되었다. 노아는 그 일에 능숙한 솜씨를 보여 페긴 영감을 기쁘게 했다.

그 동안 사이크스와 통 연락을 하고 지내지 않던 페긴 영감은 시간을 내어 그의 집을 찾아갔다. 벌써 어둠이 짙게 깔린 밤이었다.

"어때, 잘 지냈나?"

"어서 오게. 이제 몸도 거의 회복되어 가니 슬슬 몸이 근질근질하군. 돈이 될 만한 일거리가 있으면 가져다 주게."

그 때 낸시가 그들 앞을 지나쳐 어디론가 나가려고 했다.

"어디 가는 거야? 어서 돌아오지 못해!"

"아, 잠깐 산책만 하고 돌아올게요. 갑갑해서 그런다니까!"

"아니, 이 밤중에 무슨 바람을 쐰다는 거야? 어서 잠자코 방 안에 처박혀 있지 못해!"

그래도 낸시가 자신의 말을 듣지 않자, 성질이 고약한 사이크스가 그녀의 머리채를 휘어잡아 방 안에 가두고 말았다.

"이봐, 좀 심한 거 아니야. 자네가 아플 때 낸시가 얼마나 정성스럽게 간호를 했는 줄 아나?"

"모르는 소리 하지 마시오. 어디 한두 번이래야지. 이 시간만 되면 말도 없이 어디론가 나갔다가 소리도 없이 들어오곤 한단 말이야."

"혹시 자네 말고 사귀는 사람이라도 있나 보군. 하하하!"

페긴 영감은 농담을 건네면서도 속으로는 딴생각을 하고 있었다.

'흠, 벌써 둘 사이가 심상치 않은걸. 낸시 정도라면 내 밑에서 일하는 게 좋아. 저 사이크스란 놈은 이제 별 쓸모가 없어.'

그는 사이크스와 몇 가지 이야기를 더 나눈 뒤, 집으로 돌아왔다.

"노아, 이리 좀 와 봐."

"헤헤, 어딜 갔다 오시나 보죠?"

"네가 할 일이 있어. 어떤 여자의 뒤를 좀 미행해 줘야겠어."

"누군가요?"

"그건 네가 알 필요 없어. 넌 내가 시키는 대로만 하면 돼. 알았지?"

"예, 젊은 여자라면 더 좋겠네요."

노아는 비굴한 웃음을 지어 보이며 다음 날부터 페긴 영감이 지시한 대로 낸시의 뒤를 쫓기 시작했다.

며칠을 그녀의 뒤를 미행하던 노아는 일요일 늦은 밤, 사방을 살피며 어디론가 서둘러 가는 낸시의 뒤를 쫓았다.

'어, 저건 웬 마차야?'

낸시는 런던 다리 위를 서성이며 누군가를 기다리는 것 같았다. 이윽고 마차에서 두 사람이 내리는 것이 보였다.

그들은 그 다리 위를 잠시 걷다가 계단을 내려가 이야기를 나누었다. 노아는 사람들 눈에 띄지 않게 몸을 숙여 그들의 이야기를 엿들었다.

"낸시, 약속을 지켜 줘서 고맙소."

노신사의 목소리는 브라운로 씨였다. 그러자 곁에 있던 젊은 아가씨

도 감사의 인사를 전했다.

"몸은 괜찮은가요? 얼굴이 좋아 보이지 않는데."

낸시의 몸을 진심으로 걱정해 주는 사람은 로즈 양이었다.

"그럼 그 멍크스라는 사나이에 대해 좀더 자세히 알려 주겠소? 생김새와 그가 자주 드나드는 곳을 말이오."

"예, 제가 본 대로 말씀드리겠어요. 그 자는 키가 꽤 큰 편으로 인상은 그리 좋은 편이 아니에요. 아, 그 자를 쉽게 알아보려면 목에 있는 상처가……."

"혹시 불에 데인 자국 같은 게 아닌가요?"

브라운로 씨의 물음에 낸시는 깜짝 놀라는 표정으로 되물었다.

"맞아요. 그 자를 알고 계신가요?"

"흠, 짐작이 가는 사람이 한 사람 있기는 한데. 멍크스라는 자와 같은 인물인가는 더 조사를 해 봐야 할 것 같군요. 그 다음엔 그가 자주 가는 곳을 아는 대로 말해 주시겠어요?"

낸시는 자신이 알고 있는 술집과 거리 이름을 숨김없이 가르쳐 주었다.

브라운로 씨는 꼼꼼히 말하는 대로 수첩을 꺼내 받아 적었다.

"만약에 멍크스를 놓치게 되는 날에는 그 유대 인 영감을 우리 쪽에 넘겨주는 것은 어떻겠소?"

"올리버에 관한 비밀을 알고 있는 사람이라면 멍크스와 페긴 영감이긴 하지만 그럴 수는 없어요."

"왜죠?"

"페긴 영감이 악당이긴 하지만 난 그 사람의 도움을 받고 자랐어요. 좁은 생각인지는 모르겠지만 그 사람을 배신하고 싶지는 않아요."

"아가씨는 그런 곳에서 썩기는 참 아까운 사람이로군요. 말씀하신 뜻은 충분히 알겠소. 이제 앞으로 아가씨의 일에 대해 의논해 봅시다."

브라운로 씨는 낸시의 일을 걱정하며 무언가 도움이 되고자 했다. 하지만 그녀는 고개를 가로저었다.

"올리버의 일에 제가 도움이 되고자 했던 것은 무슨 대가를 바라고 했던 게 아니에요."

"낸시, 당신이 원한다면 다른 나라로 가서 새 생활을 시작해 보는 게 어떻겠소? 있는 힘껏 당신을 도와드리겠소."

다리 밑에서 그들의 이야기를 엿듣고 있던 노아는 혼자 중얼거렸다.

"저런 멍청이. 나 같으면 돈을 많이 달라고 떼를 쓰겠다. 거저 굴러온 호박을 발로 차버리다니."

노아는 숨을 죽이며 그들의 이야기를 계속 들었다.

"호의는 고맙게 받겠어요. 하지만 나 혼자 편하게 살고자 함께 자란 다른 사람들을 배신할 수는 없어요. 저를 그냥 내버려 두세요."

"할 수 없군. 그럼 언제 다시 만날지 모르니 이 돈을 받으시오. 혹시라도 위급한 일이 생길지도 모르니까."

하지만 낸시는 브라운로 씨가 내미는 돈마저 거절했다.

"꼭 제게 뭔가 주고 싶다면 손수건 같은 기념할 만한 것을 주세요."

결국 로즈 양의 수놓인 손수건을 받아든 낸시는 그 곳을 떠났다. 브라운로 씨와 로즈 양을 태운 마차가 뒤이어 그 곳을 떠나자 노아는 서둘러 페긴 영감이 있는 곳으로 돌아왔다.

"그래, 그 여자의 뒤를 밟았던 일은 어떻게 됐나?"

노아는 자신이 런던 다리 밑에서 들은 이야기를 처음부터 끝까지 하나도 빼놓지 않고 샅샅이 이야기했다.

"뭐, 뭐라고? 그게 모두 사실이야?"

"예, 제가 왜 거짓말을 합니까?"

"이런, 이때까지 키워 준 공도 모르고 나를 배신한단 말이지?"

페긴 영감은 이제까지 쌓아놓은, 자신이 가진 모든 것이 수포로 돌아 갈지도 모른다는 생각에 온몸이 부들부들 떨렸다.

'이 일만 끝나면 이런 짓은 이제 손을 떼고 공기 좋은 곳으로 가서 남은 여생을 보내려고 했는데, 그 계집애 때문에 다 글러먹었어.'

분을 참지 못한 페긴 영감은 그길로 사이크스의 집으로 갔다. 집 안 에 낸시가 없는 것을 확인한 그는 사이크스에게 낸시를 미행했던 일을 모두 털어놓았다.

"지금 뭐라고 한 거야? 낸시가 그럴 리가 없어."

"나도 믿어지지 않지만 모두 사실이야."

페긴 영감은 사이크스의 두 눈이 복수심에 불타오르는 것을 보았다. 언뜻 무서운 생각이 든 그는 한 마디 하고는 그 곳을 나왔다.

"너무 흥분하지 마. 낸시가 돌아오면 적당히 혼을 내 주라고."

페긴 영감이 가 버리고 난 뒤, 자신의 일이 발각된 줄은 꿈에도 모르 는 낸시가 사이크스에게 줄 음식을 사 가지고 집으로 들어섰다.

"배고프죠? 조금만 기다려요."

"낸시!"

사이크스는 날카롭게 그녀를 불렀다. 낸시는 뒤돌아서서 그의 얼굴을 바라다보았다.

"왜 그러세요? 무슨 할말이라도 있나요?"

"너 도대체 무슨 짓을 하고 다닌 거야? 나를 죽이려고 작정하고 마지 막으로 식사나 함께 할 작정이었나?"

그 말을 듣는 순간 낸시의 얼굴은 하얗게 질려 버리고 말았다.

"아, 그게 아니에요. 사실대로 다 말할 테니 제발……."

하지만 사이크스는 이미 제정신이 아니었다. 눈에는 핏발이 서고 분노로 온몸을 덜덜 떨었다. 그는 준비해 두었던 몽둥이로 낸시의 머리를 사정없이 내리쳤다.

"악!"

결국 낸시는 사이크스에게 맞아 죽고 말았다. 방안은 온통 피로 물들어 갔다.

그제야 자신이 저지른 짓을 깨달은 사이크스는 두려운 생각에 낸시의 시체를 이불로 덮어 둔 채 그 곳을 빠져 나갔다.

다시 찾은 행복

거리를 방황하던 사이크스는 토비의 집을 찾아갔다.

"아, 사이크스가 아닌가? 어서 들어오게."

"여기는 별일 없었나?"

사이크스는 자신이 저지른 일이 경찰에 알려지는 것은 시간 문제라고 생각했기 때문에 조바심을 내며 이렇게 물었다.

방 안에 들어와 자리에 털썩 주저앉은 사이크스를 향해 토비가 먼저 말을 꺼냈다.

"페긴 영감이 경찰에 체포됐다고 하는군."

"뭐?"

그 때, 찰리가 집 안으로 불쑥 들어섰다. 사이크스는 반가운 마음에 얼른 의자에서 일어나 알은 체를 했다.

"찰리!"

"저리 가. 내가 아무리 도둑놈이라고 하지만 사람을 함부로 죽이는 짐승 같은 놈과는 상대하기 싫어."

"너, 너, 지금 뭐라고 했어?"

사이크스는 낸시를 죽인 흥분이 다시금 떠올라 찰리에게 달려들었다. 두 사람이 엎치락뒤치락하며 뒹굴고 있을 때였다.

창문 밖에 강한 불빛이 비추며 사람들이 웅성이는 소리가 들려왔다.

"저기가 틀림없어."

"맞아! 저 집이 도둑놈의 소굴이야."

사이크스는 찰리를 조르던 손을 풀고 얼른 토비에게 소리쳤다.

"얼른 밧줄을 가져와! 현관은 벌써 포위됐고, 지붕 위로 올라가 집 뒤로 돌아가면 도망칠 수 있어. 같이 갈 사람은 따라나와."

하지만 그 곳에 있는 사람들 중 아무도 그를 따라나서는 사람은 없었다.

결국 사이크스는 밧줄을 어깨에 둘러메고 지붕 위로 올라가서 굴뚝에 밧줄을 묶었다.

"이 쪽은 내 몸에 묶고 천천히 아래로 내려가면 되겠지."

조심조심 발걸음을 옮기던 사이크스는 갑자기 소스라치게 놀랐다.

"저리 가, 저리 가란 말이야! 내, 낸시. 내가 잘못했어."

사이크스는 낸시의 모습이 아른거리자 그만 발을 헛디뎌 아래로 떨어져 밧줄에 목이 감겨 죽고 말았다.

그 즈음 브라운로 씨 댁 거실에 낯선 사나이가 퉁명스런 얼굴로 브라운로 씨와 단둘이 앉아 있었다.

"도대체 사람들을 시켜 나를 이 곳에 끌고 온 이유가 뭡니까?"

"지금부터 그 문제를 풀어 보기로 하지, 멍크스 씨. 아니, 에드워드 리포드 씨. 나는 네 아버지와 오랜 동안 친한 친구 사이로 지내왔지."

"그게 저와 도대체 무슨 상관이란 말이오?"

"자네에게는 배다른 동생이 하나 있지. 인정하지?"

"무슨 말씀을 하시는지 모르겠어요. 저에게 형제는 아무도 없어요."

브라운로 씨는 혀를 끌끌 차며 못마땅한 듯이 멍크스를 바라보았다.

"좋아, 그럼 내가 처음부터 자세히 이야기해 주지. 내 친구이자 자네 아버지 되는 사람은 마음에도 없는 결혼을 하게 됐어. 그 여자는 너의 어머니이고, 너는 그 사이에서 태어난 아들이지."

"흥, 그래서요?"

"자네 아버지는 결국 네 어머니와 떨어져 살면서 방황을 하다가 한 여자를 만나게 된 거야. 천사 같은 그 여인과 꿈 같은 세월을 보내고 잠시 로마로 떠나셨지. 그 동안 자네 아버지의 친척 되는 사람이 막대한 유산을 자네 아버지에게 주기로 유언을 한 일이 있었지. 하지만 로마로 간 자네 아버지는 그만 희귀한 병에 걸려 죽고 말았어."

멍크스는 브라운로 씨가 꽤 많은 사실들을 알고 있는 것에 마음속으로 뜨끔했다.

하지만 아무 말도 하지 않은 채 듣고만 있었다.

"결국 많은 재산은 자네 어머니에게로 돌아가게 되었지. 참, 그전에 자네 아버지가 로마로 떠나면서 새로 만난 여자의 초상화를 내게 맡기고 떠난 사실이 있어. 남편이 죽은 사실을 뒤늦게 알게 된 마음씨 착한 여인을 내가 찾아갔을 때는 이미 만삭이 된 몸으로 어디론가 떠난 뒤였어. 그 여인이 낳은 아이가 바로 올리버였지."

올리버의 이름이 거론되자, 멍크스의 낯빛은 점점 변해갔다.

"사람의 인연이란 끈질긴 거더군. 그 뒤로 올리버는 소매치기가 되어 나와 마주쳤지. 어디선가 낯이 익다는 생각을 하면서도 그냥 흘려 보내던 어느 날, 거실에 걸린 초상화를 보는 순간 난 깨달았지. 올리버는 분명 초상화에 그려진 여자의 자식이 분명하다고 말이야. 그럴 즈음, 올리버가 흔적도 없이 우리 집에서 없어져 버린 일까지 발생했지. 거기에 대한 일은 자네가 더 잘 알고 있을 거야."

"어째서 그 사실을 제가 잘 알고 있다는 건가요?"

"아직도 그렇게 잡아뗄 셈인가? 올리버가 악의 소굴에 빠지도록 뒤에서 올가미를 만들어 놓은 것은 모두 너의 소행이야. 난 너와 네 어머니의 행방을 쫓아 멀리 인도까지 찾아갔지. 거기서 네 어머니는 이미 세상을 떠났고, 너는 다시 영국으로 가 버렸다는 사실을 알게 되었어. 너는 네 어머니로부터 아버지의 유언장에 관해 전해 들었어. 물론, 그 때 올리버란 이복 동생이 있다는 사실도 알게 되었고 말이야."

이제 더 이상 우길 상황이 아니라는 것을 멍크스는 느꼈다.

"너는 올리버만 없어진다면 그 많은 유산을 혼자 차지할 수 있다는 욕심을 가졌지. 그래서 페긴 영감과 몰래 내통하면서 올리버가 악의 구렁텅이에 빠져 헤어나올 수 없도록 조종을 했던 거야. 낸시라는 아가씨가 너와 페긴 영감이 나눈 비밀 이야기를 나에게 모두 이야기해 주었지. 게다가 범블 씨를 만나 샐리 할머니에게서 받은 올리버 어머니의 유품을 네가 없애 버렸다는 사실도 확인 받았어."

사실과 하나도 다른 것이 없는 완벽한 추리에 멍크스는 그만 흐느껴 울고 말았다.

"당신 말이 맞아요. 이제 제가 어떻게 하면 되는 거죠?"

"우선 유언장에 적힌 대로 올리버에게 재산을 나누어 주도록 해라. 그리고 네 몫의 재산을 챙겨 가지고 멀리 떠나거라."

멍크스는 참회의 눈물인지, 아니면 자신의 오랜 동안의 계획이 무너져 버린 것에 대한 눈물인지 모르겠지만 한참을 흐느껴 울었다.

그 때, 로즈번 의사가 사이크스의 죽음을 알려왔다.

"낸시 양이 이제야 원한을 풀고 고이 잠들겠구만. 그래, 죄는 지은 대로 돌아가는 법이야. 그럼, 유대 인 영감 페긴은 어떻게 되었소?"

"그 자 역시 사람들에 싸여 몰매를 맞고 경찰서에 끌려갔답니다."

그들이 하는 이야기를 옆에서 듣고 있던 멍크스는 두 손으로 머리를 감싸며 더욱 흐느껴 울기 시작했다.

며칠 뒤, 브라운로 씨는 멍크스를 데리고 올리버와 그 일행들을 만나게 해 주었다.

"올리버, 저 사람을 본 적이 있니?"

"글쎄요. 아, 맞아요. 메일리 부인의 별장에 있을 때 창가에서 나를 쏘아보던 그 사람이 틀림없어요."

"그래, 잘 보았구나. 이 사람은 너와는 다른 어머니를 가졌지만 아버지가 같은 이복 형이란다. 자, 멍크스. 여러 사람이 있는 곳에서 네 입으로 내가 묻는 말에 대답하거라."

"예."

마음만 먹으면 경찰에 넘겨줄 수도 있지만, 꾸민 일을 자백하고 용서를 비는 멍크스를 이해하는 사람들을 위해 궁금증을 풀어 주는 일은 아무것도 아니었다.

"자, 네 아버지가 남긴 유서는 무엇이었지?"

"유언장과 두 통의 편지였어요. 유언장에는 아그네스(올리버의 어머니)와 태어날 아이에게 재산을 모두 남기고, 제 어머니와 저에게는 각각 8백 파운드만 준다고 되어 있는 걸로 알고 있습니다. 편지 두 통 중 한 통은 브라운로 씨에게 보내는 것이고, 또 한 통의 편지는 아그네스에게 보낸다고 되어 있습니다."

"그 유언장은 지금 가지고 있는가?"

"제 어머니가 없애 버린 걸로 알고 있습니다."

멍크스는 자포자기한 듯 숨김없이 있는 그대로 사실을 이야기했다.

"어머니는 제가 질이 좋지 않은 친구들과 어울려 다닌다고 재산을 제게 넘겨주지 않았어요. 결국 어머니가 돌아가시고 저는 제가 유일한 상속인이라는 것을 증명하기 위해 올리버의 흔적을 없애려고 일을 꾸미고 돌아다녔죠."

그 동안 아무 말 없이 브라운로 씨와 멍크스의 이야기를 듣고만 있던 메일리 부인과 로즈 양은 한숨을 내쉬었다.

"오, 저럴 수가! 어떻게 그런 짓을 서슴지 않고 할 수가 있을까?"

"부인, 진정하시오. 아직 한 가지 중요한 이야기가 남아 있습니다?"

그리고 다시 말을 이었다.

"멍크스는 올리버의 행방을 쫓으면서 올리버의 어머니에게 여동생이 있다는 사실도 알아 냈소. 즉, 올리버에게 이모가 되는 그 여인이 이 자리에 함께 있소."

그러자 거기에 모인 사람들은 주위를 돌아보며 술렁이기 시작했다.

"어디, 어디 있단 말이오?"

"할아버지, 제 이모가 여기에 와 있다는 말씀이 정말이세요?"

"그래, 네 옆에 있는 로즈 양이 바로 네 이모란다."

"옛?"

올리버는 너무 놀라 그만 벌린 입을 다물지 못할 지경이었다.

"로즈 양은 부모님과 언니까지 잃어버리고, 여기저기 떠돌아다니다가 메일리 부인의 따뜻한 구원의 손길로 함께 살게 된 것이지요."

"와, 난 정말 행복한 아이가 됐어. 고아인 줄만 알았던 내게, 비록 나를 해치려고 했던 사람이지만 이복 형님도 있고, 예쁜 이모도 나타났으니 말이야."

"그건 아마 올리버가 항상 착하게 살려고 노력해 왔기 때문일 거야."

그 뒤, 올리버는 자신을 도와준 사람들과 함께 어려운 한때를 보냈던 구빈원을 찾아갔다.

"로즈 누나, 아니 이모. 난 딕이라는, 몸이 아픈 친구를 돕고 싶어요.

내가 이 곳을 떠날 때 마음속에 다짐한 것이 있거든요."

"아유, 우리 착한 올리버. 어서 그 친구를 만나고 오너라."

잠시 후, 올리버는 눈물을 글썽이며 로즈에게로 돌아왔다.

"왜 그래? 네 친구가 이 곳에 없는 모양이로구나."

"아니, 차라리 그랬으면 얼마나 좋을까? 딕은 이제 이 세상에 없어요. 얼마 전에 병으로 세상을 떠났대요."

로즈는 올리버를 위로해 주며 어깨를 다독거렸다.

그 곳에서 다시 런던으로 돌아온 그들은 행복한 생활로 하루하루를 보냈다.

페긴 영감은 재판을 받고 결국 사형장의 이슬로 사라지게 되었다. 올리버는 브라운로 씨와 함께, 페긴 영감이 감옥에 있을 때 면회를 가기도 했다.

"두 사람은 아버지가 남긴 재산을 반씩 나누어 갖도록 하는 것이 좋을 것 같다."

브라운로 씨는 멍크스와 올리버에게 이렇게 제안을 했다. 물론 올리버는 고개를 끄덕였고, 멍크스는 좋아하며 재산을 챙겨 가지고 외국으로 떠나 버렸다.

그 후 그는, 들리는 소문에 의하면, 방탕하게 돈을 써버리고 가난한 생활을 면치 못했다고 한다.

로즈 양은 메일리 부인의 허락을 받고 해리와 결혼하여 행복하게 살았다.

"올리버, 네게 물어 볼 말이 있다."

어느 날 브라운로씨가 말했다.

"뭔데요?"

"어려운 일일지도 모르겠다만, 너만 좋다면 너를 양자로 삼고 싶은데, 허락해 주겠니?"

"정말이요? 처음 이 곳에 왔을 때 전 늘 마음속으로 생각했어요. 저분이 내 부모님이었으면 얼마나 좋을까 하고요. 제 꿈을 하느님께서 들으셨나 봐요."

"허허, 녀석."

올리버는 브라운로 씨와 로즈 양이 사는 근처에 이사하여 함께 즐거운 생활을 하며 오래 행복하게 살았다.

작품 알아보기
(장편문학)

〈올리버 트위스트〉는 영국의 작가 찰스 디킨스가 1837년에서 1838년까지 잡지에 연재했었던 작품으로, 가엾은 고아 소년의 모험을 그린 소설이다.

이 작품은 디킨스가 주로 소재로 삼았던 가난하고 소외받는 사람들에 대한 이야기로, 당시의 영국 사회의 감춰진 모습을 현실감 있게 표현하였다. 또한 런던의 범죄 조직을 고발하고, 빈민층에 대한 영국의 차별 정책을 공격하여 선풍적인 인기를 누렸다.

주인공 올리버 트위스트는 부모의 얼굴도 모르고 고아원에서 태어난다. 몰인정한 맨 부인의 손에 자라다 겨우 아홉 살이 되었을 때 장의사 심부름꾼으로 사회의 첫발을 내딛게 된다.

하지만 올리버는 또다시 심한 학대를 받고 곧 런던으로 가게 된다. 거기서 올리버는 빈민굴의 아이들에게 소매치기를 시키는 유대 인 악당 페긴 일파에 끌려가 소매치기를 하려다가 동료의 죄를 뒤집어쓰고 체포된다.

그러다가 다행히 친절한 부자의 도움으로 악당들의 유혹과 협박을 물리친다. 뒤에 그 부자가 아버지의 친구라는 것이

작품 알아보기
(장편문학)

밝혀지고, 부자의 양자가 되어 행복하게 살게 된다는 내용으로 끝이 난다.

이 작품은 사회악에 대한 작자의 강력한 분노가 서린 작품으로 악한 사람들과 그 속에 얽힌 올리버의 고독한 삶들이 당시의 허영과 허식에 가득 찬 영국의 사회상과 맞물려 인간 사회의 어두운 모습을 보여 주고 있다. 전세계 사람들에게 애독되고 있으며, 연극과 영화로도 만들어졌다.

논술 길잡이
(장편문학)

❶ 고아로 태어난 올리버는 구빈원의 담당 공무원 범블에 의해 '올리버 트위스트'라는 이름을 갖게 된다. 범블은 왜 이런 이름을 올리버에게 지어 주었는지, 또 그 이름은 이 작품에서 어떤 의미를 갖는지 생각해 보고, 글로 써 보자.

....

....

....

....

❷ 구빈원에서 자라던 올리버가 어떤 경위로 소매치기 소굴에 빠져들게 되었는지 순서대로 정리해 써 보자.

....

....

....

....

논술 길잡이
(장편문학)

❸ 구빈원의 책임자인 노처녀 코니가 범블에게 아래와 같이 행동한 이유는 무엇인지 써 보자.

> "어머, 범블 씨 오랜만이군요."
> 늘 인상만 쓰고 있던 코니는 범블을 보자 언제 그랬냐 싶게 상냥한 얼굴로 애교 섞인 목소리로 인사를 했다.

논술 길잡이
(장편문학)

❹ 다음은 브라운로 씨 집에서 올리버가 거실에 걸린 초상화를 보고 한 말이다. 이 말이 암시하는 것이 무엇인지 적어 보자.

"누구죠?"

올리버는 가끔 거실에 내려올 때면 한동안 그 그림을 바라보고는 눈을 떼지 못했다. 젊은 여자의 얼굴을 그린 초상화였다.

"글쎄, 왜 알고 싶니?"

"예, 제가 본 여자 중에서 가장 아름다운 모습이에요. 그리고 왠지 슬퍼 보이는 표정을 빼고는 낯이 익어요."

논술 길잡이
(장편문학)

❺ 아래 그림은 올리버가 다친 장면이다. 왜 올리버가 다치게
되었는지와, 이 일이 나중에 올리버에게 끼치는 영향에 대
해 본문에서 찾아 써 보자.

....

....

....

....

....

논술 길잡이
(장편문학)

❻ 아래 내용은 멍크스가 구빈원 직원이었던 범블을 찾아가 한 말이다. 멍크스는 올리버에게 유품이 있는지 어떻게 알 았으며, 멍크스와 올리버의 관계는 무엇인지 써 보자.

> "사실은 올리버를 찾는 게 아니고, 그 아이의 엄마가 남긴 유품의 행 방을 알아보고 있는 중이오. 만약 당신이 그것에 대해 알고 있다면 많은 돈을 드리겠소."

논술 길잡이
(장편문학)

❼ 낸시는 우연한 기회에 브라운로 씨의 집에서 지내게 되는 올리버를 다시 소매치기 소굴로 끌어 낸 장본인으로서, 죄책감에 두고두고 이를 후회하며 결국 올리버를 도둑들로부터 지키려다 죽음을 당한다. 이러한 낸시의 행동에 대해 어떻게 생각하는지 자신의 의견을 써 보자.

논술 길잡이
(장편문학)

❽ 올리버는 갖은 우여곡절 속의 나쁜 환경에서도 끝내 자신의
선함을 지켜 내었다. 그 힘은 무엇이라고 생각하는지 쓰라.

....

....

....

....

❾ 만약 내가 올리버였다면, 위기의 순간마다 어떻게 대처를
했을까 생각해 보고, 이를 올리버에게 보내는 편지 형식으
로 써 보자.

....

....

....

....

논술 길잡이
(장편문학)

❿ 디킨스를 가리켜 영국이 낳은 가장 위대한 소설가라고 말한다. 디킨스의 생애를 조사해 보고, 그가 왜 이런 평가를 받는지에 대해 논술하라.

⓫ 디킨스의 또 다른 작품인 〈크리스마스 캐럴〉과 〈데이비드 코퍼필드〉를 읽고 그 감상을 써 보자.

논·술·세·계·대·표·문·학 〈전60권〉

펴 낸 이	정재상
펴 낸 곳	훈민출판사
주 소	경기도 고양시 덕양구 원당동 416번지
대 표 전 화	(031)962-3888
팩 스	(031)962-9998
출 판 등 록	제395-2003-000042호